塙《はなわ》保《ほ》己《き》一《いち》とともに

―ヘレン・ケラーと塙《はなわ》保《ほ》己《き》一《いち》―

堺《さかい》正《しょう》一《いち》

はる書房

『塙保己一《はなわほきいち》とともに』を推薦《すいせん》します

六代目《ろくだいめ》　宝井馬琴《たからいばきん》

わたしは寄席《よせ》の高座《こうざ》でよく「奉行《ぶぎょう》と検校《けんぎょう》」という講談《こうだん》をやります。盲目《もうもく》の大学者《だいがくしゃ》・塙保己一《はなわほきいち》の出世物語《しゅっせものがたり》ですが、NHK《エヌエイチケイ》のテレビやラジオでも、これまでに数回放送《すうかいほうそう》しました。

お話《はなし》は青雲《せいうん》の志《こころざし》を抱《いだ》いた青年二人《せいねんふたり》が出世《しゅっせ》を誓《ちか》い合《あ》い、三十数年後《さんじゅうすうねんご》に一人《ひとり》は世界的《せかいてき》な盲聖《もうせい》として名声《めいせい》の高《たか》い大学者《だいがくしゃ》に、もう一人《ひとり》は農民《のうみん》の出《で》ながら天下《てんか》の名奉行《めいぶぎょう》になって再会《さいかい》するという出世美談《しゅっせびだん》の一席《いっせき》です。盲目《もうもく》ながら努力《どりょく》のすえ大学者《だいがくしゃ》になった塙保己一《はなわほきいち》と後《のち》に大岡忠相《おおおかただすけ》、遠山金四郎《とおやまきんしろう》とともに三名奉行《さんめいぶぎょう》の一人《ひとり》として人気《にんき》のあった根岸肥前守《ねぎしひぜんのかみ》の二人《ふたり》。真偽《しんぎ》のほどは別《べつ》として、めでたい一席《いっせき》の講談《こうだん》として親《した》しまれ、盛《さか》んに演《えん》じられてきました。

保己一《ほきいち》の生《う》まれは、現在《げんざい》の埼玉県本庄《さいたまけんほんじょう》市児玉町《しこだまちょう》です。江戸《えど》に出《で》るきっかけは、この盲少年《もうしょうねん》の家《いえ》に出入《でい》りしていたという絹《きぬ》商人《あきんど》から、こんな話《はなし》を聞《き》いたことでした。

「江戸《えど》では『太平記《たいへいき》』という書物《しょもつ》を暗誦《あんしょう》して、方々《ほうぼう》の大名屋敷《だいみょうやしき》に出入《でいり》りし、立派《りっぱ》に暮《く》らしている人《ひと》たちがいる」

寺《てら》の和尚《おしょう》さんに教《おし》えてもらったあの『太平記《たいへいき》』と聞《き》いて、学問《がくもん》好《ず》きな保己一《ほきいち》は、もういても立《た》ってもいられなくなり、「よーし、おれも！」と……。

実《じつ》は、保己一《ほきいち》があこがれたこの〝太平記読《たいへいきよ》み〟というのは今日《こんにち》の講談《こうだん》の起源《きげん》ともいわれています。ですから、もしかしたら保己《ほき》一先生《いちせんせい》もわたしと同《おな》じ講談家《こうだんか》になっていたやもしれないのです。しかし、芸才《げいさい》より学才《がくさい》が勝《すぐ》れていたから、結果《けっか》として学問《がくもん》の道《みち》に進《すす》むことになったわけですから、「講談家《こうだんか》になりそこねた大学《だいがく》者《しゃ》」というレッテルを貼《は》りたくなりますネ。

それに、われわれが話《はなし》の材料《ざいりょう》を調《しら》べるのに、日《ひ》ごろ手《て》にする史《し》料《りょう》、文献《ぶんけん》などが活字《かつじ》で手軽《てがる》に読《よ》めるのも、保己一《ほきいち》の『群書類従《ぐんしょるいじゅう》』という偉業《いぎょう》が土台《どだい》になっているんですネ。本当《ほんとう》に有《あ》り難《がた》いことだと、いつも感謝《かんしゃ》しています。

この度《たび》、わたしの畏友《いゆう》である堺正一《さかいしょういち》さんが、小学生《しょうがくせい》からお年《とし》寄《とし》りまでを対象《たいしょう》にして、やさしい文章《ぶんしょう》で綴《つづ》られた保己一《ほきいち》の伝記《でんき》を出版《しゅっぱん》することになりました。視力《しりょく》の弱《よわ》い方々《かたがた》にも読《よ》みやすいように大《おお》きな活字《かつじ》で、そして、だれでも読《よ》めるようにすべての漢字《かんじ》にルビをふった画期的《かっきてき》なものです。小《ちい》さな声《こえ》で結構《けっこう》ですから、声《こえ》を出《だ》して読《よ》んでいただけたら魅力倍増《みりょくばいぞう》！　うけあいです。

「でこぼこでもいい……」、「遠回《とおまわ》りをしてもいい……」、人目《ひとめ》を気《き》にせず自分《じぶん》の好《す》きなことに打《う》ち込《こ》んでやれば、努力《どりょく》は必《かなら》ず報《むく》われる――この伝記《でんき》からはそんな思《おも》いが伝《つた》わってきます。困難《こんなん》な課《か》題《だい》が山積《さんせき》した平成《へいせい》の世《よ》を生《い》き抜《ぬ》く知恵《ちえ》や勇気《ゆうき》を教《おし》えてくれるにちがいありません。

　座右《ざゆう》の書《しょ》として、一人《ひとり》でも多《おお》くの方《かた》に心《こころ》からお薦《すす》めしたい、そんな必読《ひつどく》の書《しょ》だと思《おも》います。

はじめに

ヘレン・ケラーと塙保己一《はなわほきいち》

昭和十二年《しょうわじゅうにねん》（一九三七）四月二十六日《しがつにじゅうろくにち》、日本《にほん》を訪問《ほうもん》していたヘレン・ケラーは、東京《とうきょう》の渋谷《しぶや》にある温故学会《おんこがっかい》を訪《おとず》れました。この会館《かいかん》は江戸時代《えどじだい》の後期《こうき》に活躍《かつやく》した盲目《もうもく》の大学者《だいがくしゃ》・塙保己一《はなわほきいち》の功績《こうせき》と人物《じんぶつ》を広《ひろ》く後世《こうせい》に伝《つた》えるために、渋沢栄一《しぶさわえいいち》たちによって設立《せつりつ》されました。学問《がくもん》を愛《あい》した渋沢《しぶさわ》は「日本《にほん》の資本主義《しほんしゅぎ》の父《ちち》」ともいわれた実業家《じつぎょうか》であり、また社会福祉《しゃかいふくし》事業《じぎょう》の先駆者《せんくしゃ》でもありました。

ヘレン・ケラーは目《め》も耳《みみ》も口《くち》も不自由《ふじゆう》な重度障害《じゅうどしょうがい》のアメリカの女性《じょせい》です。一歳七ヶ月《いっさいななかげつ》のときのことです。この女《おんな》の赤《あか》ちゃんは急病《きゅうびょう》にかかり高熱《こうねつ》を出《だ》したのです。両親《りょうしん》の必死《ひっし》の看病《かんびょう》もあり、もう助《たす》からないのでは……と心配《しんぱい》された幼《おさな》い命《いのち》は、幸《さいわ》い一命《いちめい》をとりとめました。ところが、このときから、目《め》も見《み》えず、耳《みみ》も聞《き》こえず、そのために話《はな》すことも不自由《ふじゆう》な身《み》になってしまっていたのです。

ヘレンが自分《じぶん》の重度身体障害《じゅうどしんたいしょうがい》にもかかわらず、世界中《せかいじゅう》の障害《しょうがい》者《しゃ》の社会的地位《しゃかいてきちい》向上《こうじょう》や世界平和《せかいへいわ》のためにささげた生涯《しょうがい》は、「奇跡《きせき》の人《ひと》」として、人々《ひとびと》から注目《ちゅうもく》を浴《あ》びました。偉人《いじん》の伝記《でんき》シリーズには必《かなら》ず登場《とうじょう》する人物《じんぶつ》ですから、読者《どくしゃ》のみなさんもこの名前《なまえ》は聞《き》いたことがあると思《おも》います。

温故学会《おんこがっかい》を訪問《ほうもん》したこの日《ひ》、多《おお》くの関係者《かんけいしゃ》の拍手《はくしゅ》のなかを、ヘレンは玄関《げんかん》のホールを通《とお》り、『群書類従《ぐんしょるいじゅう》』の版木《はんぎ》が保管《ほかん》されてい

▲左《ひだり》は保《ほ》己《き》一《いち》生誕《たんじょう》250周年《しゅうねん》を記念《きねん》して発行《はっこう》された郵便切手《ゆうびんきって》(平《へい》成《せい》8年《ねん》8月《がつ》27日発行《にちはっこう》)、右《みぎ》は「20世紀《せいき》デザイン切手《きって》」シリーズ第《だい》8集《しゅう》として発行《はっこう》されたヘレン・ケラーの切手《きって》(平成《へいせい》12年《ねん》3月《がつ》23日発行《にちはっこう》)

る書庫《しょこ》に足《あし》をふみいれました。天井《てんじょう》までうずたかく積《つ》まれた版木《はんぎ》に両手《りょうて》で触《ふ》れて、驚《おどろ》きの声《こえ》をあげたのでした。

さらに、彼女《かのじょ》は講堂《こうどう》に進《すす》むと、塙保己一《はなわほきいち》のブロンズ像《ぞう》と愛用《あいよう》した小《ちい》さな机《つくえ》を、さもなつかしそうに、くりかえし両手《りょうて》でなでているのです。その光景《こうけい》は、まるで以前《いぜん》から親《した》しかった人《ひと》に再会《さいかい》でもしたかのようでした。

歓迎《かんげい》のためにつめかけた多《おお》くの人《ひと》たちを前《まえ》に語《かた》られたのは、盲目《もうもく》の大学者《だいがくしゃ》・塙保己一《はなわほきいち》についてのヘレンの熱《あつ》い思《おも》いでした。

ヘレンが指文字《ゆびもじ》で話《はな》した内容《ないよう》は、秘書《ひしょ》のトムソンという女性《じょせい》をとおして英語《えいご》で話《はな》されました。その英語《えいご》は、再《ふたた》び日本人《にほんじん》の通訳《つうやく》によって日本語《にほんご》で会場《かいじょう》の人《ひと》たちに伝《つた》えられたのです。

サリバン先生《せんせい》が病床《びょうしょう》についてからは、このトムソンさんが代《か》わって、通訳《つうやく》をつとめ、生涯《しょうがい》、ヘレンの目《め》となり耳《みみ》となって身《み》の回《まわ》りのお手伝《てつだ》いをしていたのです。

このとき、ヘレンはこう話《はな》しています。

わたしが幼《おさな》いときのことですが、母《はは》はわたしに「塙保己一《はなわほきいち》先生《せんせい》はあなたの人生《じんせい》の目標《もくひょう》になる方《かた》ですよ」とよく話《はな》してくれたものです。日本《にほん》には幼《おさな》くして目《め》がまったく見《み》えなくなってしまったのに、努力《どりょく》して立派《りっぱ》な学者《がくしゃ》になった塙先生《はなわせんせい》という方《かた》がいたと教《おし》えられました。それを聞《き》いて、わたしは励《はげ》まされて、いっしょうけんめい勉強《べんきょう》しました。そして、苦《くる》しいとき、つらいときも、くじけず努力《どりょく》することができたのです。今日《きょう》、こうして温故学会《おんこがっかい》を訪問《ほうもん》して、先生《せんせい》の像《ぞう》にじかに触《ふ》れることができたのは、今回《こんかい》の日本訪問《にほんほうもん》の中《なか》でももっとも意義《いぎ》ぶかいものでした。使《つか》い古《ふる》された質素《しっそ》な机《つくえ》に触《ふ》れ、優《やさ》しそうに少《すこ》し首《くび》をかしげた先生《せんせい》の像《ぞう》に両手《りょうて》で触《さわ》っていると、塙《はなわ》先生《せんせい》のお人柄《ひとがら》が伝《つた》わってきて、いっそう先生《せんせい》への尊敬《そんけい》の気持《きも》ちが強《つよ》くなってくるのです。

この塙先生《はなわせんせい》の名前《なまえ》は、これからも何世代《なんせだい》にわたたって、豊《ゆた》かな水《みず》をたたえる川《かわ》の流《なが》れのように、絶《た》えることなく永遠《えいえん》に伝《つた》えられていくにちがいありません。

はるばるアメリカから船《ふね》で太平洋《たいへいよう》を越《こ》えて日本《にほん》に来《こ》られたヘレンに、どうしたら喜《よろこ》んでもらえるか、この日《ひ》に先《さき》だって、温故学会《おんこがっかい》の関係者《かんけいしゃ》はいろいろ考《かんが》えました。思案《しあん》の末《すえ》、毎日新聞社《まいにちしんぶんしゃ》から発《はっ》行《こう》されている視覚障害者向《しかくしょうがいしゃむ》けの週刊紙《しゅうかんし》「点字《てんじ》毎日《まいにち》」の編集部《へんしゅうぶ》に依頼《いらい》して、塙保己一《はなわほきいち》の伝記《でんき》を英語《えいご》の点字《てんじ》に翻訳《ほんやく》することになりました。それが、この日《ひ》にプレゼントされたのです。保己一《ほきいち》を人《じん》生《せい》の目標《もくひょう》としてきたというヘレン・ケラーにとって、この思《おも》いがけないプレゼントはこの上《うえ》ない日本《にほん》のおみやげになりました。

これまでに塙保己一《はなわほきいち》の伝記《でんき》は数多《かずおお》く出版《しゅっぱん》されてきました。どの伝記《でんき》もわたしたちに生《い》きる希望《きぼう》と勇気《ゆうき》を与《あた》えてくれるものでした。なかでもわたしの心《こころ》に残《のこ》り、ぜひ若《わか》い人《ひと》たちに読《よ》んでほしいと思《おも》った一冊《いっさつ》の伝記《でんき》があります。それは大沢吉五郎《おおさわきちごろう》という方《かた》によって書《か》かれた英文《えいぶん》の冊子《さっし》『Hokiichi《ホキイチ》 Hanawa《ハナワ》 The《ザ》 Famous《フェイマス》 Blind《ブラインド》 Scholar《スカラー》 of《オブ》 Japan《ジャパン》』です。しかし、なにぶん七十年《ななじゅうねん》以上《いじょう》も昔《むかし》、昭和《しょうわ》初期《しょき》に書《か》かれたもので、その後《ご》の新《あたら》しい資料《しりょう》の発見《はっけん》や研究《けんきゅう》によって新《あら》たにわかったことがたくさんあります。わたしは長《なが》い間《あいだ》この内容《ないよう》を若《わか》い人《ひと》たちに伝《つた》えたいと考《かんが》えてきました。

そこで、現代《げんだい》の若《わか》い人《ひと》たちの読《よ》み物《もの》として、あらためて書《か》いたのが、この『塙保己一《はなわほきいち》とともに―ヘレン・ケラーと塙保己一《はなわほきいち》―』です。

ところで、わたしたちだれもが、身体障害《しんたいしょうがい》の有無《うむ》、性別《せいべつ》、年齢《ねんれい》、国籍《こくせき》などとは関係《かんけい》なく、その人《ひと》その人《ひと》の重《おも》い課題《かだい》を背負《せお》って、今《いま》の時代《じだい》を生《い》きています。この本《ほん》を書《か》いたのは、多《おお》くの困難《こんなん》を乗《の》り越《こ》えて、輝《かがや》いて生《い》きたあのヘレン・ケラーが、人生《じんせい》の手本《てほん》としたというこの日本人《にほんじん》のことを、一人《ひとり》でも多《おお》くの若《わか》い人《ひと》たちに知《し》ってもらい、悔《く》いのない人生《じんせい》を送《おく》ってほしいという願《ねが》いからです。

人《ひと》はだれでも、どんな厳《きび》しい状況《じょうきょう》に置《お》かれても、幸《しあわ》せに生《い》きることができることを、この二人《ふたり》の歩《あゆ》みはわたしたちに証明《しょうめい》してくれます。

若《わか》い頃《ころ》の盲目《もうもく》の少年保己一《しょうねんほきいち》は、人生《じんせい》をはかなんで自《みずか》ら命《いのち》を絶《た》とうとさえしました。今《いま》でいえば、中学三年生《ちゅうがくさんねんせい》か、高校一年生《こうこういちねんせい》のときのことでした。今《いま》も昔《むかし》も変《か》わらない思春期《ししゅんき》のまっただ中《なか》にいた悩《なや》み多《おお》い保己一《ほきいち》でした。

しかし、見事《みごと》に立《た》ち直《なお》り、自《みずか》ら人生《じんせい》に大輪《たいりん》の花《はな》を咲《さ》かせたのです。一体《いったい》、その秘密《ひみつ》は何《なん》だったのでしょうか。

困難《こんなん》な状況《じょうきょう》のなかで輝《かがや》いて生《い》きたヘレン・ケラーが心《こころ》の支《ささ》えにしたこの人物《じんぶつ》を、読者《どくしゃ》のみなさんの身近《みぢか》な存在《そんざい》として、ぜひ心《こころ》にとめていただきたいのです。

たとえどんなに厳《きび》しい場面《ばめん》に出会《であ》っても、決《けっ》して希望《きぼう》と勇気《ゆうき》を忘《わす》れなかったこの二人《ふたり》の人物《じんぶつ》から「生《い》きる力《ちから》」を学《まな》ぶことができると思《おも》います。

＊ ヘレン・ケラー（一八八〇～一九六八）
一歳七ケ月《いっさいななかげつ》のとき、病《やまい》で目《め》が見《み》えず、耳《みみ》が聞《き》こえず、話《はなし》ができないという三重《さんじゅう》の障害《しょうがい》を負《お》ったアメリカの女性《じょせい》です。家庭教師《かていきょうし》のサリバン先生《せんせい》の熱心《ねっしん》な指導《しどう》と本人《ほんにん》の努力《どりょく》で、大学《だいがく》を優秀《ゆうしゅう》な成績《せいせき》で卒業《そつぎょう》しました。卒業後《そつぎょうご》は、その全生涯《ぜんしょうがい》を、教育《きょういく》と福祉《ふくし》、そして世界平和《せかいへいわ》のためにささげたのです。

戦前《せんぜん》、戦後《せんご》と日本《にほん》を三回訪問《さんかいほうもん》しています。そして、多《おお》くの障害者《しょうがいしゃ》や社会的《しゃかいてき》に弱《よわ》い立場《たちば》におかれた人《ひと》たちに生《い》きる希望《きぼう》と勇気《ゆうき》を与《あた》えました。また、日本《にほん》の福祉《ふくし》および教育行政《きょういくぎょうせい》への影響《えいきょう》は計《はか》り知《し》れないものがあります。

＊社団法人温故学会《しゃだんほうじんおんこがっかい》
日本《にほん》の文化史上《ぶんかしじょう》に輝《かがや》く塙保己一《はなわほきいち》の業績《ぎょうせき》とその人物《じんぶつ》を広《ひろ》く伝《つた》えるために、ひ孫《まご》の塙忠雄《はなわただお》や渋沢栄一《しぶさわえいいち》等によって設立《せつりつ》された学術《がくじゅつ》文化《ぶんか》団体《だんたい》です。その代表的《だいひょうてき》な業績《ぎょうせき》である大文献集《だいぶんけんしゅう》『群書類従《ぐんしょるいじゅう》』は、二百年《にひゃくねん》以上《いじょう》もたった今日《こんにち》でも、国内外《こくないがい》の求《もと》めに応《おう》じて、当時《とうじ》の版《はん》木《ぎ》から刷《す》りたてられ、活用《かつよう》されています。

＊　塙保己一《はなわほきいち》（一七四六～一八二一）
江戸時代《えどじだい》の後期《こうき》に活躍《かつやく》した盲目《もうもく》の学者《がくしゃ》で、現在《げんざい》の埼玉県本庄《さいたまけんほんじょう》市児玉町《しこだまちょう》の農民《のうみん》の出身《しゅっしん》です。日本古来《にほんこらい》の精神文化《せいしんぶんか》を後世《こうせい》に確実《かくじつ》に伝《つた》えようと、盲目《もうもく》の身《み》でありながら、各種《かくしゅ》の貴重《きちょう》な文献多数《ぶんけんたすう》を校正《こうせい》し、出版《しゅっぱん》しました。また、これらの学問《がくもん》を教《おし》え、日本《にほん》の歴《れき》史《し》や法律制度《ほうりつせいど》など研究《けんきゅう》するために「和学講談所《わがくこうだんしょ》」という学校《がっこう》を自《みずか》らの手《て》で創立《そうりつ》しました。わが国《くに》の文化《ぶんか》の発展《はってん》に貢献《こうけん》した功績《こうせき》が認《みと》

められ、晩年《ばんねん》には幕府《ばくふ》からも大名《だいみょう》に等《ひと》しい処遇《しょぐう》を受《う》けました。

＊　年齢《ねんれい》について

この物語《ものがたり》では保己一《ほきいち》の年齢《ねんれい》については、これまでのほかの文献《ぶんけん》にあわせるために、昔《むかし》の数《かぞ》え方《かた》である「数《かぞ》え年《どし》」によっています。「生《う》まれた時《とき》を一歳《いっさい》とし、正月《しょうがつ》を迎《むか》えると二歳《にさい》と数《かぞ》える」という数《かぞ》え方《かた》です。ですから、現在《げんざい》の数《かぞ》え方《かた》にすると、一歳《いっさい》か二歳《にさい》少《すく》なくなると考《かんが》えてください。

例《たと》えば、保己一《ほきいち》が、「十五歳《じゅうごさい》で江戸《えど》に出《で》た」のは、宝暦十年《ほうれきじゅうねん》（一七六〇）の三月《さんがつ》のことですから、現在《げんざい》の数《かぞ》え方《かた》で言《い》えばもうすぐ十四歳《じゅうよんさい》になろうとしていたときのことです。「十六歳《じゅうろくさい》の時《とき》に自殺《じさつ》をはかったが未遂《みすい》に終《お》わった」というのは、今《いま》でいえば十五歳《じゅうごさい》のときのことで、中学三年生《ちゅうがくさんねんせい》のころでした。

＊目次《もくじ》

第三章《だいさんしょう》

水《みず》を得《え》た魚《さかな》のように——99

第一章《だいいっしょう》

児玉《こだま》の空《そら》のもとで

塙《はなわ》 保己一《ほきいち》のプロフィール

みなさんのなかで、ベートーベンの名前《なまえ》を知《し》らない人《ひと》はいないでしょう。二十七歳頃《にじゅうななさいごろ》から、この大作曲家《だいさっきょくか》は耳《みみ》をわずらい、とうとう聞《き》こえなくなってしまいました。どんなに絶望《ぜつぼう》し、自分《じぶん》の運命《うんめい》を嘆《なげ》いたことでしょう。作曲家《さっきょくか》にとってこれより深刻《しんこく》な悩《なや》みはないでしょうから……。

しかし、そのような厳《きび》しい条件《じょうけん》のもとでも作曲《さっきょく》を続《つづ》け、あの有名《ゆうめい》な「第九《だいく》」や「運命《うんめい》」といった名曲《めいきょく》が生《う》まれました。人間《にんげん》の持《も》つ可能性《かのうせい》とは、なんとすばらしいのでしょう！　ここには、単《たん》に「奇跡《きせき》」という言葉《ことば》では言《い》い表《あらわ》せないものがあります。

また、ジョン・ミルトンはイギリスを代表《だいひょう》する大詩人《だしじん》です。自《じ》由《ゆう》と民主主義《みんしゅしゅぎ》のために闘《たたか》いましたが、闘《たたか》いに破《やぶ》れてとらわれの身《み》となり、失意《しつい》のうちに失明《しつめい》してしまいました。にもかかわらず、その牢獄《ろうごく》で長編《ちょうへん》の叙事詩《じょじし》を書《か》き続《つづ》けました。

それが、聖書《せいしょ》のテーマを歌《うた》いあげた『失楽園《しつらくえん》』や『復楽園《ふくらくえん》』などの名作《めいさく》です。これらの作品《さくひん》は、今《いま》でも多《おお》くの人《ひと》に愛読《あいどく》され、ミルトンといえば、盲偉人《もういじん》の象徴的《しょうちょうてき》な存在《そんざい》として広《ひろ》く世界《せかい》で知《し》られています。

ところで、日本《にほん》にも、この二人《ふたり》の偉大《いだい》な人物《じんぶつ》に決《けっ》して劣《おと》らない盲目《もうもく》の大学者《だいがくしゃ》がおりました。しかし、残念《ざんねん》なことに、今日《こんにち》、その人物《じんぶつ》のことが忘《わす》れられようとしているのが気《き》がかりです。

実《じつ》はこの二人《ふたり》の外国《がいこく》の偉人《いじん》は、作曲家《さっきょくか》として、また詩人《しじん》としてすでに世《よ》の中《なか》に認《みと》められてから、耳《みみ》が聞《き》こえなくなり、また目《め》が見《み》えなくなったのに、その後《ご》も制作活動《せいさくかつどう》を続《つづ》けたのです。

ところが、これから紹介《しょうかい》する江戸時代《えどじだい》の大学者《だいがくしゃ》・塙保己一《はなわほきいち》は事情《じじょう》がちがいました。七歳《ななさい》という幼《おさな》いときに完全《かんぜん》に失明《しつめい》してしまったのです。今《いま》でいえば、小学校入学前《しょうがっこうにゅうがくまえ》の年齢《ねんれい》でした。晩年《ばんねん》になって幼《おさな》いときのことを振《ふ》り返《かえ》り、見《み》たもので記憶《きおく》に残《のこ》っているものといえば、赤《あか》いホウズキや黄色《きいろ》いユズの実《み》などのほんのわずかなものだけだ、と話《はな》しているほどです。もちろん文字《もじ》などはまったく見《み》たこともないのです。

江戸《えど》に出《で》た保己一《ほきいち》は、最初《さいしょ》は盲人《もうじん》の伝統的《でんとうてき》な職業《しょくぎょう》であったマッサージ（あんま）や音楽《おんがく》（琴《こと》や三味線《しゃみせん》）などの修業《しゅぎょう》をしたのですが、「学問《がくもん》をしたい」という気持《きも》ちをどうしても断《た》ち切《き》れませんでした。そして、血《ち》のにじむような努力《どりょく》のすえ、日本《にほん》の歴史《れきし》や昔《むかし》の法律制度《ほうりつせいど》、和歌《わか》や神道《しんとう》、そのほかに日本《にほん》の古典文学《こてんぶんがく》を学《まな》んで、日本《にほん》を代表《だいひょう》する学者《がくしゃ》の一人《ひとり》となりました。

なにごとに対《たい》しても誠実《せいじつ》に取《と》り組《く》む性格《せいかく》からでしょうか、その学問《がくもん》の態度《たいど》も公平《こうへい》で、厳《きび》しく、あいまいなことは許《ゆる》しませんでした。書物《しょもつ》を出版《しゅっぱん》するには、必《かなら》ずほかの書物《しょもつ》と照《て》らし合《あ》わせて、その一《ひと》つひとつを確《たし》かめて、少《すこ》しでも正確《せいかく》なものにしようとしたのです。

ある学者《がくしゃ》は保己一《ほきいち》の学問《がくもん》に対《たい》する厳《きび》しい態度《たいど》に、感心《かんしん》し、ときにはあきれて、こう批評《ひひょう》しました。

「保己一《ほきいち》の学問《がくもん》は、髪《かみ》の手入《てい》れをするのに、毛《け》を一本《いっぽん》ずつ数《かぞ》え、ご飯《はん》を炊《た》くのにお米《こめ》を一粒《ひとつぶ》ずつ数《かぞ》えるのに似《に》ている」

血《ち》のにじむような努力《どりょく》の結果《けっか》、六百六十六冊《ろっぴゃくろくじゅうろくさつ》からなる『群書《ぐんしょ》類従《るいじゅう》』という大文献集《だいぶんけんしゅう》を編集《へんしゅう》し、出版《しゅっぱん》したのです。多《おお》くの人《ひと》たちの協力《きょうりょく》を得《え》ながらも、この大文化的事業《だいぶんかてきじぎょう》をすべて自分《じぶん》の手《て》で成《な》し遂《と》げました。

盲目《もうもく》の保己一《ほきいち》のほかには、後《あと》にも先《さき》にも、このような大《おお》きな仕事《しごと》を成《な》し遂《と》げた学者《がくしゃ》は、わが国《くに》にはだれひとりいませんでした。

今日《こんにち》、このような大全集《だいぜんしゅう》を出版《しゅっぱん》することは、さほどむずかしいことではないのでは……、そう思《おも》う人《ひと》もいるかもしれません。しかし、この時代《じだい》の出版事情《しゅっぱんじじょう》を考《かんが》えると、保己一《ほきいち》の取《と》り組《く》んだ事業《じぎょう》がどんなに困難《こんなん》なものであったかがわかります。

それは、活字《かつじ》が日本《にほん》に伝来《でんらい》するより前《まえ》のことであり、ましてや今日《こんにち》のようにパソコンなどない時代《じだい》のことだという事実《じじつ》を心《こころ》にとめてください。これを印刷《いんさつ》するには、実《じつ》に一万七千二百四十四枚《いちまんななせんにひゃくよんじゅうよんまい》の版木《はんぎ》を、職人《しょくにん》の手《て》で、山桜《やまざくら》の板《いた》に一文字《ひともじ》ひともじ、ていねいに彫《ほ》らなければならなかったのです。

なにしろ、まだ電話《でんわ》もファックスや電子《でんし》メールもない時代《じだい》、ましてや電車《でんしゃ》や自動車《じどうしゃ》といった交通手段《こうつうしゅだん》もないころのことです。貴重《きちょう》な書物《しょもつ》があると聞《き》けば、盲目《もうもく》の身《み》で、自《みずか》ら日本各地《にほんかくち》に出《で》かけました。弟子《でし》に書物《しょもつ》を書《か》き写《うつ》させ、朗読《ろうどく》させて聞《き》いたのです。その苦労《くろう》もなみたいていのものではありませんでした。

文字《もじ》をまだ知《し》らない幼《おさな》いときに失明《しつめい》し、学問《がくもん》などとても無理《むり》と思《おも》われた少年《しょうねん》が、努力《どりょく》のすえ学問的《がくもんてき》にも権威《けんい》のあるこの大《おお》きな事業《じぎょう》を成《な》し遂《と》げたのです。学問《がくもん》を愛《あい》したヘレン・ケラーがこの日《に》本《ほん》の学者《がくしゃ》を自分《じぶん》の人生《じんせい》の目標《もくひょう》とした理由《りゆう》がわかります。この意味《いみ》では、保己一《ほきいち》はベートーベンやミルトンを越《こ》えた人物《じんぶつ》であったといっても決《けっ》して過言《かごん》ではないと思《おも》うのです。

生《う》まれ故郷《こきょう》で

保己一《ほきいち》が生《う》まれ育《そだ》った故郷《こきょう》は、現在《げんざい》の埼玉県本庄《さいたまけんほんじょう》市《し》の児玉《こだま》町《ちょう》です。いわゆる上毛三山《じょうもうさんざん》といわれる赤城山《あかぎさん》、榛名山《はるなさん》それに妙義山《みょうぎさん》、さらに信州《しんしゅう》の浅間山《あさまやま》が見渡《みわた》せる自然豊《しぜんゆた》かな農村地帯《のうそんちたい》です。当時《とうじ》の武蔵国《むさしのくに》のいちばん北《きた》にあたり、神流川《かんながわ》という川《かわ》をはさんで、そこから先《さき》はもう上州《じょうしゅう》（現在《げんざい》の群馬県《ぐんまけん》）です。現在《げんざい》の埼玉県《さいたまけん》と群馬県《ぐんまけん》の県境《けんざかい》にあり、今《いま》では東京《とうきょう》からこの児玉町《こだまちょう》へは電車《でんしゃ》で三時《さんじ》間《かん》ほどで行《い》けますが、最近《さいきん》、本庄市《ほんじょうし》に新幹線《しんかんせん》が停車《ていしゃ》するようになり、とても便利《べんり》になりました。

保己一《ほきいち》の父《ちち》は（荻野《おぎの》）宇兵衛《うへえ》といい、その先祖《せんぞ》は何代《なんだい》にもわた

▲埼玉県《さいたまけん》本庄市《ほんじょうし》児玉町《こだまちょう》保木野《ほきの》にある保己一《ほきいち》の生家《せいか》

って、この地《ち》で農業《のうぎょう》をしておりました。保己一《ほきいち》は寅年生《とらどしう》まれなので、幼《おさな》いころの名前《なまえ》は「寅之助《とらのすけ》」といいましたが、盲目《もうもく》という不幸《ふこう》な運命《うんめい》を背負《せお》ったのは名前《なまえ》がよくないからだと忠告《ちゅうこく》してくれる人《ひと》がいて、二年後《にねんご》の辰年《たつどし》に生《う》まれたことにして「辰之助《たつのすけ》」とあらためました。

また、別《べつ》の名前《なまえ》を「多聞房《たもんぼう》」ともいいました。江戸《えど》に出《で》てからは、盲人一座《もうじんいちざ》での名前《なまえ》を「千弥《せんや》」とあらため、さらに生《う》まれ故郷《こきょう》の保《ほ》木野村《きのむら》の名前《なまえ》をとって「保木野一《ほきのいち》」に変《か》えました。そして、最後《さいご》の名前《なまえ》が「保己一《ほきいち》」なのです。

こうたびたび名前《なまえ》が変《か》わったのでは混乱《こんらん》して困《こま》ります。ですから、この物語《ものがたり》では、これからの話《はなし》をすべて「保己一《ほきいち》」という名前《なまえ》で進《すす》めていきたいと思《おも》います。

保己一《ほきいち》の先祖《せんぞ》をたどっていくと、平安時代《へいあんじだい》の学者《がくしゃ》で、有名《ゆうめい》な詩人《しじん》でもあった小野篁《おののたかむら》までさかのぼることができます。その篁《たかむら》から七代《ななだい》あとに、孝泰《たかやす》という人《ひと》がいて、武蔵国《むさしのくに》の国司《こくし》になりましたが、その任務《にんむ》を終《お》えても京都《きょうと》には戻《もど》らず、その地《ち》にとどまりました。その子孫《しそん》が保己一《ほきいち》の生《う》まれた荻野家《おぎのけ》の祖先《そせん》となりました。

何世代《なんせだい》ものちのことになりますが、徳川家康《とくがわいえやす》が豊臣氏《とよとみし》を滅《ほろ》ぼした戦《たたか》い、あの大坂《おおさか》の陣《じん》が起《お》こると荻野家《おぎのけ》は豊臣方《とよとみがた》について大坂城《おおさかじょう》に立《た》てこもりました。しかし、その戦《たたか》いに敗《やぶ》れたので、武蔵国《むさしのくに》に戻《もど》り、身分《みぶん》を隠《かく》して保木野村《ほきのむら》の農民《のうみん》になったのです。

数代《すうだい》のちに生《う》まれた保己一《ほきいち》の父《ちち》、宇兵衛《うへえ》はとても心《こころ》の優《やさ》しい人《ひと》でした。そして、村人《むらびと》たちから人格者《じんかくしゃ》として尊敬《そんけい》され、慕《した》われていました。こんな話《はなし》が伝《つた》えられています。

あるとき、村《むら》に伝染病《でんせんびょう》がはやりました。病人《びょうにん》が出《で》た家《いえ》には、感染《かんせん》を恐《おそ》れて、親戚《しんせき》の人《ひと》さえだれひとり近《ちか》づこうとはしません。しかし、宇兵衛《うへえ》さんは、そんなときでも病人《びょうにん》の家《いえ》に出《で》かけて行《い》き、食《た》べ物《もの》を与《あた》え、看病《かんびょう》をしたのです。その妻《つま》（保己一《ほきいち》の母《はは》）はきよといいましたが、夫《おっと》と同《おな》じようにとても心《こころ》のやさしい女性《じょせい》であったといわれています。

保己一《ほきいち》はその心優《こころやさ》しい性格《せいかく》で知《し》られていますが、この両親《りょうしん》の影響《えいきょう》を受《う》けて育《そだ》ったためではないでしょうか。

失《しっ》明《めい》

この宇兵衛《うへえ》さん夫婦《ふうふ》の間《あいだ》に生《う》まれた息子《むすこ》、その人《ひと》こそ、のちに盲目《もうもく》の大学者《だいがくしゃ》として歴史《れきし》に名《な》を残《のこ》すことになった塙保己一《はなわほきいち》その人《ひと》でした。

延享三年《えんきょうさんねん》（一七四六）五月五日《ごがついつか》の端午節句《たんごのせっく》（現在《げんざい》の「こどもの日《ひ》」）に、保己一《ほきいち》は生《う》まれました。長《なが》い間子《あいだこ》どもに恵《めぐ》まれなかった夫婦《ふうふ》にとって、この男《おとこ》の子《こ》の誕生《たんじょう》は大《おお》きな喜《よろこ》びでした。それは目《め》に入《い》れても痛《いた》くないといったかわいがりようでした。ただ気《き》がかりなことが一《ひと》つありました。それは、体《からだ》があまり丈夫《じょうぶ》ではなかったことでした。

両親《りょうしん》はとても心配《しんぱい》し、どうかして健康《けんこう》な子《こ》に育《そだ》ってほしいと思《おも》いました。体《からだ》によいという話《はなし》を聞《き》けば、ワラをもつかむ思《おも》いで、どんなことでもためしてみました。しかし、よくなる気配《けはい》はありません。特《とく》に、以前《いぜん》から気《き》になっていた目《め》の病気《びょうき》は進《すす》んでいるようでした。

そのころ、二里《にり》（八《はち》キロ）ほど離《はな》れた上州《じょうしゅう》の藤岡《ふじおか》という町《まち》に、評判《ひょうばん》のよい眼医者《めいしゃ》がいました。近隣《きんりん》では名医《めいい》として知《し》られた桐淵幸助《きりぶちこうすけ》というお医者《いしゃ》さんでした。その評判《ひょうばん》を聞《き》きつけた母親《ははおや》は、保己一《ほきいち》をおぶって、暑《あつ》い日《ひ》も寒《さむ》い日《ひ》も、雨《あめ》の日《ひ》も風《かぜ》の日《ひ》も、通《かよ》い続《つづ》けました。当時《とうじ》、今《いま》とちがって途中《とちゅう》の神流川《かんながわ》には橋《はし》がなく、幼《おさな》い息子《むすこ》を背負《せお》い、着物《きもの》の裾《すそ》をはしょって川《かわ》を渡《わた》ったのです。

寒《さむ》い冬《ふゆ》はどうしたのでしょうか。水《みず》かさの増《ま》した梅雨時《つゆどき》は……？ 子《こ》を思《おも》う母親《ははおや》の愛情《あいじょう》に心《こころ》を動《うご》かされずにはいられません。

しかし、なんどか通《かよ》ううちに医者《いしゃ》から「この子《こ》の目《め》は、よくはならないだろう」と告《つ》げられたのです。両親《りょうしん》の落胆《らくたん》は言葉《ことば》では表《あらわ》すことができないほどでした。そして、ついに運命《うんめい》のときがやってきました。

ある日《ひ》、いつものようにお医者《いしゃ》さんからの帰《かえ》り道《みち》、母親《ははおや》が息子《むすこ》の手《て》を引《ひ》いて、神流川《かんながわ》の河原《かわら》を歩《ある》いていると、突然火《とつぜんひ》がついたように泣《な》き出《だ》したのです。あわてて保己一《ほきいち》をだきかかえてみると、すでにその目《め》は光《ひかり》を完全《かんぜん》に失《うしな》っていました。そして……。

両親《りょうしん》の嘆《なげ》きはいうまでもありませんが、幼《おさな》い保己一《ほきいち》は自分《じぶん》の身《み》にいったい何《なに》が起《お》きたのかわからなかったことでしょう。

「息子《むすこ》が病弱《びょうじゃく》で、そのうえ目《め》が見《み》えなくなったのは、寅之助《とらのすけ》という名前《なまえ》があわないからだ。……名前《なまえ》を変《か》えてみたらどうだ」

こんなふうに、親切《しんせつ》にも、あれやこれやといってくれる人《ひと》がいました。両親《りょうしん》は半信半疑《はんしんはんぎ》ながら、息子《むすこ》によくなってほしいという一途《いちず》な思《おも》いから、名前《なまえ》を変《か》えてみるのでした。それだけではありません。霊験《れいげん》あらたかと聞《き》けば、勧《すす》められたあちこちの神社《じんじゃ》やお寺《てら》へ願《がん》をかけに出《で》かけるのでした。しかし、そのようなことで息子《むすこ》の目《め》が見《み》えるようになるはずもありません。

一方《いっぽう》、目《め》の見《み》えなくなってしまった保己一《ほきいち》ですが、村中《むらじゅう》の人《ひと》たちが楽《たの》しみにしている年《ねん》に一度《いちど》の村祭《むらまつ》りも、楽《たの》しいどころか、むしろ自分《じぶん》がみじめに思《おも》えてならないのです。

この少年《しょうねん》にとって、楽《たの》しみといえば、草花《くさばな》の種《たね》をまき、それを育《そだ》てて近所《きんじょ》の人《ひと》に見《み》てもらうことでした。

「なんときれいな花《はな》なのでしょう！」

「花《はな》を咲《さ》かせるのがじょうずね」

自分《じぶん》では見《み》ることができなくても、近所《きんじょ》の人《ひと》のそんな声《こえ》に、小《ちい》さな幸《しあわ》せを感《かん》じるのでした。

保己一《ほきいち》は、ほかの子《こ》どもたちのように、野原《のはら》や林《はやし》を元気《げんき》に走《はし》りまわることはできません。クリの実《み》やクルミの実《み》などを、勘《かん》をたよりに手探《てさぐ》りで探《さが》すと、それでもだれよりもたくさん拾《ひろ》うことができました。でも、せっかく集《あつ》めたその木《き》の実《み》も、友《とも》だちがほしいといえば、いつでも喜《よろこ》んでみんなあげてしまうのです。保己一《ほきいち》は子《こ》どものころから、そんなおおらかなところがありました。

もう一《ひと》つの楽《たの》しみといえば、昔《むかし》の物語《ものがたり》を読《よ》んでもらうことでした。特《とく》に戦《いくさ》ものが大好《だいす》きでした。驚《おどろ》いたことに、この少年《しょうねん》は一度《いちど》聞《き》いたら、その話《はなし》をそっくり覚《おぼ》えてしまうのです。そのうえ、一言《ひとこと》も間違《まちが》えずに他《ほか》の人《ひと》たちに話《はな》して聞《き》かせるのですから、だれもが感心《かんしん》するのでした。

その記憶力《きおくりょく》がいいのを知《し》った近所《きんじょ》の人《ひと》たちはこう噂《うわさ》をしました。

「目《め》が見《み》えさえしたら、この子《こ》はひとかどの人物《じんぶつ》になるだろうに……。惜《お》しいことだ！」

元気《げんき》に遊《あそ》んでいる近所《きんじょ》の子《こ》どもたちの仲間《なかま》に加《くわ》われずに、寂《さび》しそうに、ひとりでじっと縁側《えんがわ》に座《すわ》って、ぼんやりしている息子《むすこ》の姿《すがた》を見《み》て、両親《りょうしん》は心《こころ》を痛《いた》めるのでした。そして、寺子屋《てらこや》が開《ひら》かれている近《ちか》くの寺《てら》の和尚《おしょう》さんに頼《たの》み込《こ》んだのです。

「うちの息子《むすこ》を寺子《てらこ》の仲間《なかま》に入《い》れてはもらえないだろうか。部屋《へや》の片隅《かたすみ》でほかの子《こ》が勉強《べんきょう》しているのを聞《き》かせてもらうだけでもいいのですから……」

和尚《おしょう》さんは心配《しんぱい》しました。

「文字《もじ》がまったく見《み》えない子《こ》が学問《がくもん》するのは、とてもむずかしいのでは……」

しかし、あまりにも熱心《ねっしん》な両親《りょうしん》の願《ねが》いに、むげに断《ことわ》ることもできません。そして、とうとうほかの子《こ》どもたちの仲間《なかま》に加《くわ》えてくれたのです。

ところが、寺子屋《てらこや》での勉強《べんきょう》が始《はじ》まると、驚《おどろ》いたことに、ほかの子《こ》が大《おお》きな声《こえ》を出《だ》して読《よ》んでいる本《ほん》の中身《なかみ》をそのまま暗記《あんき》してしまうのです。それだけではありません。その話《はなし》の中身《なかみ》をよく理解《りかい》しているのには、さすがの和尚《おしょう》さんも舌《した》をまいてしまうのでした。

それからというもの、特別《とくべつ》に保己一《ほきいち》のために、『太平記《たいへいき》』という物語《ものがたり》を読《よ》んでくれました。こんな小《ちい》さな子《こ》どもにはむずかしすぎるのではと心配《しんぱい》したのですが、熱心《ねっしん》に聞《き》き入《い》っている保己一《ほきいち》は一言《ひとこと》も間違《まちが》えずに、そっくりその話《はなし》を覚《おぼ》えてしまうのです。

「学問《がくもん》をするのはなんと楽《たの》しいのだろう。苦労《くろう》が多《おお》いだろうが、自分《じぶん》の進《すす》む道《みち》は学問《がくもん》のほかにはないのでは……」
と、この盲目《もうもく》の少年《しょうねん》は考《かんが》えるようになりました。目《め》が見《み》えないのに学問《がくもん》をしたいという話《はなし》を聞《き》いた人《ひと》たちは、「自分《じぶん》の目《め》で文字《もじ》も読《よ》めないのに学問《がくもん》をしたいなんて……」と、心《こころ》の底《そこ》では思《おも》ったことでしょう。

母《はは》は一日《いちにち》の田畑《たはた》の仕事《しごと》を終《お》え、どんなに疲《つか》れていても、和尚《おしょう》さんから読《よ》んでもらった物語《ものがたり》を、顔《かお》を輝《かがや》かせて話《はな》す息子《むすこ》の相手《あいて》をし、その話《はなし》に耳《みみ》をかたむけるのでした。このときが、息子《むすこ》が生《い》き生《い》きと輝《かがや》いて見《み》える数少《かずすく》ない場面《ばめん》でした。少《すこ》しでもこの子《こ》のなぐさめになれば、という母親《ははおや》の思《おも》いからでした。

「こんな子《こ》どもが、よくもまあ！」

子《こ》どもとはとても思《おも》えないほどじょうずに話《はな》す様子《ようす》に、母《はは》はわが子《こ》ながら感心《かんしん》したのです。

悲《かな》しみを乗《の》り越《こ》えて

保己一《ほきいち》が十二歳《じゅうにさい》の初夏《しょか》のこと、母《はは》は悪《わる》い風邪《かぜ》をこじらせて床《とこ》にふすことが多《おお》くなりました。長《なが》い間《あいだ》の苦労《くろう》がたたったのでしょうか。

父《ちち》といっしょに必死《ひっし》に看病《かんびょう》したかいもなく、この母《はは》は盲目《もうもく》の子《こ》を残《のこ》して、とうとう六月《ろくがつ》の十三日《じゅうさんにち》に亡《な》くなってしまいました。目《め》の見《み》えない息子《むすこ》の行《ゆ》く末《すえ》を心配《しんぱい》しながらこの世《よ》を去《さ》った母親《ははおや》の心《こころ》のうちを思《おも》うと、胸《むね》が痛《いた》みます。どんなに心残《こころのこ》りだったことでしょう。

世《よ》の中《なか》には、「自分《じぶん》ほど不幸《ふこう》なものはいない」と思《おも》い込《こ》んでいる人《ひと》は少《すく》なくないかもしれません。しかし、この少年《しょうねん》のように、幼《おさな》くして盲目《もうもく》となり、それだけではなく頼《たよ》りにしていた母親《ははおや》にまで早《はや》く死《し》に別《わか》れるという、こんな不公平《ふこうへい》なことがあってよいものでしょうか。自分《じぶん》の運命《うんめい》をのろったにちがいありません。

保己一《ほきいち》は、今《いま》でいえば、小学校《しょうがっこう》の一年生《いちねんせい》の年齢《ねんれい》で失明《しつめい》し、六年生《ろくねん》のときに深《ふか》い愛情《あいじょう》を注《そそ》いでくれた母《はは》と死別《しべつ》したのです。

母《はは》のお墓《はか》にお参《まい》りをしたいと思《おも》っても、目《め》が見《み》えない身《み》では、ひとりではそれさえも思《おも》うようにはなりません。杖《つえ》をつき、手探《てさぐ》りでどうにかお墓《はか》までたどりついた保己一《ほきいち》が、ときを忘《わす》れて、その真新《まあたら》しい墓標《ぼひょう》の前《まえ》に、いつまでもじっとひざまずいている姿《すがた》は、近所《きんじょ》の人《ひと》たちの涙《なみだ》をさそうのでした。

初七日《しょなのか》を過《す》ぎると、家《いえ》を訪《おとず》れる人《ひと》もいなくなり、母《はは》を失《うしな》って、心《こころ》に大《おお》きな穴《あな》がぽっかりあいた寂《さび》しさは、言葉《ことば》では表《あらわ》すこともできないほどでした。保己一《ほきいち》がやけを起《お》こして、もうどうなってもいいと考《かんが》えたとしても不思議《ふしぎ》ではなかったでしょう。

しかし、この十二歳《じゅうにさい》の少年《しょうねん》は、このときすでに、この苦《くる》しみや悲《かな》しみを糧《かて》に、力《ちから》をふりしぼって、明日《あす》に向《む》かって歩《あゆ》み出《だ》そうとしていました。

保己一《ほきいち》は心《こころ》の中《なか》で自分自身《じぶんじしん》にこう問《と》い返《かえ》していたのです。

「目《め》が見《み》えないということは、なんと辛《つら》く、悲《かな》しいことなのだろう。好《す》きな学問《がくもん》も、ほかの人《ひと》がなんの苦労《くろう》もしないでできることも、自分《じぶん》にはなにもできない……。だからといって、こんな田舎《いなか》で按摩師《あんまし》になったところで、これから先《さき》、自分《じぶん》が納得《なっとく》できる生《い》き方《かた》が、はたしてできるだろうか。自分《じぶん》でなければできない道《みち》があるはずだ……」

あれやこれやと悩《なや》んでいたときのことです。和尚《おしょう》さんからこんな話《はなし》を聞《き》いたのです。

「江戸《えど》では、たとえ目《め》が見《み》えなくても、努力次第《どりょくしだい》で成功《せいこう》している人《ひと》たちがいくらでもいる。盲人一座《もうじんいちざ》で出世《しゅっせ》すれば、旗本武士《はたもとぶし》と同《おな》じ身分《みぶん》にだってなれる……」

保己一《ほきいち》の心《こころ》をいっそうかきたてたのは、江戸《えど》と児玉《こだま》の間《あいだ》を行き来《き》している出入《でい》りの行商人《ぎょうしょうにん》から聞《き》いた話《はなし》でした。

「江戸《えど》には、〝太平記読《たいへいきよ》み〟といって、『太平記《たいへいき》』を人《ひと》の前《まえ》で語《かた》って聞《き》かせるのを職業《しょくぎょう》とし、大名《だいみょう》や旗本《はたもと》などの身分《みぶん》の高《たか》いお屋敷《やしき》にも出入《でい》りして、立派《りっぱ》に生活《せいかつ》をしている人《ひと》たちもいる」

あの『太平記《たいへいき》』を人《ひと》に語《かた》って生活《せいかつ》をしている人《ひと》たちがいると聞《き》

いて、保己一《ほきいち》は、心《こころ》を躍《おど》らせました。

「『太平記《たいへいき》』は四十巻《よんじゅっかん》からなっているそうだ。自分《じぶん》の大好《だいす》きな物語《ものがたり》……。四十巻《よんじゅっかん》ぐらいなら全巻暗記《ぜんかんあんき》したところでたいしたことはない。そうだ、思《おも》い切《き》って江戸《えど》に出《で》よう！　新《あたら》しい道《みち》が開《ひら》けるにちがいない！」

将来《しょうらい》のことを考《かんが》えれば考《かんが》えるほど、江戸《えど》に出《で》て、自分《じぶん》で生《い》きる道《みち》を切《き》り開《ひら》かなければという気持《きも》ちが強《つよ》まるばかりでした。こうして保己一《ほきいち》は生《う》まれ故郷《こきょう》を離《はな》れる決心《けっしん》をしたのです。

いくら記憶力《きおくりょく》がよいとしても、あの漢文混《かんぶんま》じりのむずかしい『太平記《たいへいき》』を「たったの四十巻《よんじゅっかん》にすぎない」とは、なんと大胆《だいたん》な少年《しょうねん》でしょうか。このとき、すでに大人物《だいじんぶつ》になる兆《きざ》しを見《み》せていたのです。

保己一《ほきいち》は、江戸《えど》での生活《せいかつ》を想像《そうぞう》し、夢《ゆめ》がふくらむのでした。

「このまま田舎《いなか》にいても、なにも状況《じょうきょう》は変《か》わらないだろう。家族《かぞく》のお荷物《にもつ》になって、人生《じんせい》を終《お》えるなんて、とてもがまんできない。つらいことも多《おお》いだろうが、江戸《えど》に出《で》て自分《じぶん》の力《ちから》をためしてみよう」

数日後《すうじつご》、江戸《えど》に出《で》るのを許《ゆる》してほしいと、父親《ちちおや》にはじめて自分《じぶん》の気持《きも》ちを打《う》ち明《あ》けたのです。突然《とつぜん》の息子《むすこ》の願《ねが》いに、父親《ちちおや》はとまどいました。そして、田舎《いなか》にとどまるように必死《ひっし》でさとしたのです。なにしろ江戸《えど》は児玉《こだま》から二十里《にじゅうり》（八十《はちじゅう》キロ）も離《はな》れているのですから……。

「なぜ、おまえはそんな無謀《むぼう》なことを考《かんが》えるようになったのだい……。それは無理難題《むりなんだい》というものだ。どうして、父親《ちちおや》としてそんな危険《きけん》なことを許《ゆる》せるだろうか？　目《め》が見《み》えないという現実《げんじつ》を忘《わす》れちゃいけないよ。今《いま》だって、なにかと人《ひと》の手《て》を借《か》りなきゃならない。この田舎《いなか》でさえ生《い》きていくのは容易《ようい》なことではないのだからね……。〝生《い》き馬《うま》の目《め》を抜《ぬ》く〟といわれる江戸《えど》のこと……、とても心配《しんぱい》でおまえの願《ねが》いを簡単《かんたん》に聞《き》くというわけにはいかない。ずーっとこの田舎《いなか》でわたしといっしょに、今《いま》までと同《おな》じように暮《く》らせばいい……。わたしだって、母《かあ》さんに代《か》わっておまえの世話《せわ》をする覚悟《かくご》はしている。二度《にど》とこんな話《はなし》をしないでくれ……」

しかし、父《ちち》の説得《せっとく》も保己一《ほきいち》の固《かた》い決心《けっしん》を変《か》えることはできませんでした。しばらくすると、父《ちち》も息子《むすこ》の夢《ゆめ》を摘《つ》んでしまうのはよくないのでは……と、思《おも》うようになったのです。

父《ちち》は保己一《ほきいち》にこういいました。

「おまえがそれほどまで江戸《えど》に出《で》たいというなら、これ以上《いじょう》、止《と》めはしない。……和尚様《おしょうさま》も口添《くちぞ》えしてくださったのだろう……、名主様《なぬしさま》も力《ちから》になってあげるといってくださっているそうだ。でも、江戸《えど》での落《お》ち着《つ》き先《さき》に当《あ》てができ、江戸《えど》までおまえといっしょに行《い》ってくれる人《ひと》が見《み》つかるまで待《ま》ちなさい。永嶋《ながしま》のお殿様《とのさま》にもお願《ねが》いしてくださるとのこと……。そうしたら、いつでも旅立《たびだ》ってもいい……」

かねて保己一《ほきいち》の才能《さいのう》を耳《みみ》にしていた名主《なぬし》の内野《うちの》伝左衛門《でんざえもん》という人《ひと》が、父親《ちちおや》の頼《たの》みを聞《き》いてくれました。そして江戸《えど》まで案内《あんない》してくれる人《ひと》を手配《てはい》して、なにかと世話《せわ》を焼《や》いてくれたのです。いっしょに江戸《えど》まで旅《たび》をしてくれることになったのは、江戸《えど》と児玉《こだま》の間《あいだ》を行《い》き来《き》している絹商人《きぬあきんど》で、何歳《なんさい》か年上《としうえ》の好青年《こうせいねん》でした。道案《みちあん》

▲保己一《ほきいち》が江戸《えど》に出《で》た際《さい》に持参《じさん》した母手製《ははてせい》の巾着《きんちゃく》(塙記念館所蔵《はなわきねんかんしょぞう》)

▲保己一《ほきいち》が江戸《えど》に出《で》た際《さい》、背負《せお》っていたそうめん箱《ばこ》。後《のち》に林大学頭《はやしだいがくのかみ》はこれを「御宝箱《おたからばこ》」と命名《めいめい》した(埼玉県指定文化財《さいたまけんしていぶんかざい》/塙記念館所蔵《はなわきねんかんしょぞう》)

内《ない》だけではなく、道中《どうちゅう》すべての世話《せわ》をこの青年《せいねん》にお願《ねが》いしたのです。なにしろ旅《たび》に出《で》るのは保己一《ほきいち》にとってははじめてでしたから……。

宝暦十年《ほうれきじゅうねん》（一七六〇）の十五歳《じゅうごさい》になった保己一《ほきいち》は、ワラジをはき、わずかな着替《きが》えを入《い》れた小《ちい》さな木箱《きばこ》を背《せ》に負《お》いました。そして、たったの二十三文《にじゅうさんもん》のお金《かね》が入《はい》った母《はは》の形見《かたみ》の巾着袋《きんちゃくぶくろ》をふところに、杖《つえ》を頼《たよ》りに江戸《えど》へ旅立《たびだ》ったのです。そのころ、江戸《えど》ではソバがいっぱい十六文《じゅうろくもん》だったといわれています。日照《ひで》りや洪水《こうずい》による不作続《ふさくつづ》きで、このわずかな小遣《こづか》いきり旅立《たびだ》つ息子《むすこ》に持《も》たせることができないほど農民《のうみん》の暮《く》らしは厳《きび》しかったのです。

その姿《すがた》はだれの目《め》にもみすぼらしく見《み》えたにちがいありません。生《う》まれてはじめての長旅《ながたび》です。見送《みおく》りに来《き》てくれた近所《きんじょ》の人《ひと》たちは、この幸《しあわ》せうすい親子《おやこ》の別《わか》れを目《め》にして、涙《なみだ》をおさえることはできませんでした。

これまで一日《いちにち》も親元《おやもと》を離《はな》れて暮《く》らしたことのない少年《しょうねん》にとって、どんなにか心細《こころぼそ》く、これからのことを考《かんが》えると不安《ふあん》になったことでしょう。送《おく》り出《だ》す父《ちち》にとっても同《おな》じことです。母《はは》を亡《な》くし、悩《なや》み苦《くる》しんだ日々《ひび》から三年目《さんねんめ》、学問《がくもん》への志《こころざし》を胸《むね》に、故郷《こきょう》をあとにしたのです。

「江戸《えど》に出《で》れば今《いま》までに経験《けいけん》したことのない苦労《くろう》も多《おお》いことだろう。それを考《かんが》えると、こんなことぐらいで、めそめそなどしてはいられない……」

そう自分自身《じぶんじしん》に言《い》い聞《き》かせるのでした。

江戸《えど》までいっしょに行《い》ってくれるという商人《あきんど》は、とても親切《しんせつ》な青年《せいねん》でした。はじめての長《なが》い旅《たび》と、まだ知《し》らない江戸《えど》での生活《せいかつ》の不安《ふあん》で、ついつい気《き》が沈《しず》みがちな保己一《ほきいち》を優《やさ》しく励《はげ》ましてくれるのでした。慣《な》れない足取《あしど》りでしたが、こうして二人《ふたり》は互《たが》いに将来《しょうらい》の夢《ゆめ》を語《かた》り合《あ》いながら、とうとう二十里《にじゅうり》（八十《はちじゅう》キロ）の道《みち》のりを歩《ある》き通《とお》し、無事《ぶじ》に江戸《えど》に着《つ》きました。

これまで、この道中《どうちゅう》については、講談《こうだん》や読《よ》み物《もの》のなかで「塙《はなわ》保己一《ほきいち》・出世《しゅっせ》くらべ」として語《かた》られてきました。講談家《こうだんか》の六代目《ろくだいめ》宝井馬琴《たからいばきん》さんも、この演目《えんもく》を得意《とくい》としています。そのあらすじは、こうです。

この盲少年《もうしょうねん》と絹商人《きぬあきんど》の若《わか》い二人連《ふたりづ》れ……旅《たび》の道中《どうちゅう》、互《たが》いに出世競争《しゅっせきょうそう》をしようと約束《やくそく》したのです。のちに保己一《ほきいち》は盲《もう》人最高《じんさいこう》の地位《ちい》である「検校《けんぎょう》」になり、天下《てんか》の大学者《だいがくしゃ》としても知《し》られるようになりました。一方《いっぽう》、あの絹商人《きぬあきんど》は商売《しょうばい》に励《はげ》んで成功《せいこう》し、武士《ぶし》の株《かぶ》を買《か》って旗本《はたもと》となり、次第《しだい》に出世《しゅっせ》して、ついに江戸《えど》町奉行《まちぶぎょう》にまでなったという話《はなし》です。三十数年後《さんじゅうすうねんご》、二人《ふたり》は再会《さいかい》し、手《て》を取《と》り合《あ》って、互《たが》いの成功《せいこう》を喜《よろこ》びあったのです。

この町奉行《まちぶぎょう》とは、大岡越前守《おおおかえちぜんのかみ》、遠山金四郎《とおやまきんしろう》とともに天下《てんか》の三名奉行《さんめいぶぎょう》として知《し》られた根岸肥前守《ねぎしひぜんのかみ》ということになっています。これは史実《しじつ》ではないようですが、当時《とうじ》、名奉行《めいぶぎょう》の一人《ひとり》として知《し》られた評判《ひょうばん》の人物《じんぶつ》とともに、保己一《ほきいち》が大衆演芸《たいしゅうえんげい》に登場《とうじょう》したのです。このことからも、人々《ひとびと》の間《あいだ》でどんなに慕《した》われ、人気《にんき》があったかがうかがえます。だれからも親《した》しまれ、愛《あい》された保己一《ほきいち》でした。

孔子《こうし》はこういっています。

「徳《とく》は孤《こ》ならず、必《かなら》ず隣《となり》あり」(正《ただ》しい生《い》き方《かた》をすれば、決《けっ》して孤立《こりつ》することはなく、必《かなら》ず親《した》しい仲間《なかま》ができ、支《ささ》えてくれる人《ひと》ができるものだ)

江戸《えど》に着《つ》いて最初《さいしょ》に身《み》を寄《よ》せたのは故郷児玉《こきょうこだま》の領主《りょうしゅ》であった旗本永嶋恭林《はたもとながしまゆきもと》の江戸屋敷《えどやしき》でした。

そのころ、四谷《よつや》の西念寺《さいねんじ》横町《よこちょう》というところに、この殿様《とのさま》が親《した》しくしていた雨富検校須賀一《あめとみけんぎょうすがいち》という「はり」の治療《ちりょう》で知られた盲人《もうじん》の師匠《ししょう》が住《す》んでいました。殿様《とのさま》の紹介《しょうかい》もあって、間《ま》もなく、保己一《ほきいち》は盲人一座《もうじんいちざ》への入門《にゅうもん》が許《ゆる》され、雨富検校《あめとみけんぎょう》の屋敷《やしき》へ移《うつ》りました。

それからというもの、波乱《はらん》に富《と》んだ人生《じんせい》でしたが、身分《みぶん》を問《と》わず多《おお》くの人《ひと》たちが保己一《ほきいち》に声援《せいえん》を送《おく》り、精神的《せいしんてき》にも、金銭的《きんせんてき》にも援助《えんじょ》することを惜《お》しみませんでした。だれからも愛《あい》され、慕《した》われた保己一《ほきいち》でした。

＊『群書類従《ぐんしょるいじゅう》』
古代《こだい》から、江戸時代《えどじだい》の初《はじ》めまで、千年以上《せんねんいじょう》にわたって、多《おお》くの人《ひと》たちが書《か》き残《のこ》した千二百七十三種類《せんにひゃくななじゅうさんしゅるい》の貴重《きちょう》な文献《ぶんけん》や書物《しょもつ》を二十五《にじゅうご》の部《ぶ》に分類《ぶんるい》し、六百六十六冊《ろっぴゃくろくじゅうろくさつ》に仕立《した》てた大文献集《だいぶんけんしゅう》です。すべて保己一《ほきいち》の責任《せきにん》のもとで、企画《きかく》、編集《へんしゅう》、校正《こうせい》、出版《しゅっぱん》、販売《はんばい》がなされたのです。また、今日《こんにち》でも、国《くに》の内外《ないがい》において日本《にほん》の文《ぶん》化《か》を研究《けんきゅう》するためには、欠《か》かせない生《い》きた資料《しりょう》であると言《い》われています。

＊　小野篁《おののたかむら》（八〇二～八五二）

学者《がくしゃ》、歌人《かじん》として知《し》られた平安時代《へいあんじだい》の貴族《きぞく》で、養老令《ようろうりょう》の解説書《かいせつしょ》である『令義解《りょうのぎげ》』の編集《へんしゅう》にも関《かか》わりました。保己一《ほきいち》は、一部《いちぶ》が散《さん》逸《いつ》していたこの『令義解《りょうのぎげ》』を校正《こうせい》し、ほぼ完全《かんぜん》な形《かたち》に復元《ふくげん》・出版《しゅっぱん》し、日本《にほん》の律令制度《りつりょうせいど》の研究《けんきゅう》に貢献《こうけん》しました。

これがのちに荻野吟子《おぎのぎんこ》がわが国最初《くにさいしょ》の公認《こうにん》の女性医師《じょせいいし》となる道《みち》を開《ひら》くきっかけともなりました。そのいきさつはこうです。

明治維新後《めいじいしんご》、日本《にほん》は西洋文明《せいようぶんめい》を積極的《せっきょくてき》に受《う》け入《い》れましたが、男性中心社会《だんせいちゅうしんしゃかい》であることには変《か》わりはありませんでした。「医者《いしゃ》は男性《だんせい》が当《あ》たり前《まえ》」といわれた時代《じだい》です。女性《じょせい》ゆえに悲《かな》しい思《おも》いをしている人《ひと》たちの尊厳《そんげん》をまもるために、果敢《かかん》にも、自分《じぶん》が医者《いしゃ》になろうとした一人《ひとり》の女性《じょせい》がいました。荻野吟子《おぎのぎんこ》です。多《おお》くの困難《こんなん》を乗《の》り越《こ》え、医学校《いがっこう》を卒業《そつぎょう》したものの、政府《せいふ》は女性《じょせい》の医術開業試験《いじゅつかいぎょうしけん》の受験《じゅけん》を認《みと》めませんでした。「日本《にほん》では、昔《むかし》から医《い》者《しゃ》は男《おとこ》に決《き》まっている」という理屈《りくつ》にもならない理屈《りくつ》からでした。

しかし、日本古来《にほんこらい》の法典《ほうてん》（律令《りつりょう》）には、女性《じょせい》の医師《いし》について規定《きてい》されていたのです。しかし、保己一《ほきいち》の時代《じだい》に伝《つた》えられていた『令義解《りょうのぎげ》』には、既《すで》に医学《いがく》に関《かん》する「医疾令《いしつりょう》」の部分《ぶぶん》が欠《か》けていました。保己一《ほきいち》は多《おお》くの文献《ぶんけん》をあたり、この「医疾令《いしつりょう》」を復元《ふくげん》することに成功《せいこう》し、出版《しゅっぱん》しました。吟子《ぎんこ》とその支援者《しえんしゃ》たちは、保己一《ほきいち》が出版《しゅっぱん》した『令義解《りょうのぎげ》』を政府《せいふ》の役人《やくにん》に示《しめ》し、日本《にほん》にも女性《じょせい》の医者《いしゃ》の前例《ぜんれい》があることを訴《うった》えたのです。こうして、明治十七年《めいじじゅうしちねん》（一八八四）、ついに日本最初《にほんさいしょ》の公認《こうにん》の女性医師《じょせいいし》が誕生《たんじょう》することになりました。

＊『太平記《たいへいき》』
四十巻《よんじゅっかん》からなる室町時代《むろまちじだい》の戦記物語《せんきものがたり》です。南北朝時代《なんぼくちょうじだい》の五十余年間《ごじゅうよねんかん》の争乱《そうらん》の様子《ようす》を、漢文混《かんぶんま》じりの調子《ちょうし》のよい口語体《こうごたい》で生《い》き生《い》きと描《えが》き出《だ》しています。〝太平記読《たいへいきよ》み〟は江戸時代《えどじだい》に始《はじ》まった大衆芸能《たいしゅうげいのう》で、今日《こんにち》の講談《こうだん》の起源《きげん》であるといわれています。

＊　検校《けんぎょう》

当時《とうじ》の盲人《もうじん》たちは、幕府《ばくふ》公認《こうにん》のもとに「当道座《とうどうざ》」という盲人《もうじん》だけの座《ざ》を作《つく》っていました。盲人《もうじん》の職業組合《しょくぎょうくみあい》といってもよい組織《そしき》で、そこには厳格《げんかく》な階級制度《かいきゅうせいど》がありました。その一番上《いちばんうえ》が「検校《けんぎょう》」、次《つぎ》が「勾当《こうとう》」、三番目《さんばんめ》が「衆分《しゅうぶん》」、それ以外《いがい》は平《ひら》の盲人《もうじん》となっていました。この二番目《にばんめ》の官位《かんい》である「勾当《こうとう》」ともなればたいした出世《しゅっせ》でした。さらに「検校《けんぎょう》」になれば、経済的《けいざいてき》に恵《めぐ》まれただけでなく、直参旗本《じきさんはたもと》と同等《どうとう》の身分《みぶん》として扱《あつか》われたのです。

第二章《だいにしょう》

夢《ゆめ》と現実《げんじつ》のはざまで

夢《ゆめ》やぶれて

学問《がくもん》という淡《あわ》い夢《ゆめ》をいだいて江戸《えど》に出《で》てきた保己一《ほきいち》でした。しかし、当時《とうじ》の盲人社会《もうじんしゃかい》のしきたりにしたがって、雨富検校《あめとみけんぎょう》の盲人《もうじん》一座《いちざ》に入門《にゅうもん》し、髪《かみ》を剃《そ》ってもらって、新《あたら》しい生活《せいかつ》が始《はじ》まりました。当時《とうじ》、盲人《もうじん》たちは寺社奉行《じしゃぶぎょう》の支配下《しはいか》におかれ、頭《あたま》をまるめ、お坊《ぼう》さんのような身《み》なりをしていたのです。一座《いちざ》での生活《せいかつ》は「三味線《しゃみせん》」や「琴《こと》」、それに「あんま」や「はり」の修業《しゅぎょう》の毎日《まいにち》でした。

徳川幕府《とくがわばくふ》の盲人保護政策《もうじんほごせいさく》もあって、音楽《おんがく》やマッサージなどの治療《ちりょう》が当時《とうじ》の盲人社会《もうじんしゃかい》に認《みと》められた主《おも》な仕事《しごと》になっていたのです。ほかにも「座頭金《ざとうがね》」といって、盲人《もうじん》には特別《とくべつ》に金貸《かねか》しの特権《とっけん》が与《あた》えられていたので、借金《しゃっきん》の取《と》り立《た》てに行《い》かされることもありました。しかし、これらの修業《しゅぎょう》はいずれも〝太平記読《たいへいきよ》み〟や学問《がくもん》への夢《ゆめ》をいだいていた少年《しょうねん》が期待《きたい》したものではありませんでした。

片田舎《かたいなか》に育《そだ》った世間知《せけんし》らずの十五歳《じゅうごさい》の少年《しょうねん》であったことを考《かんが》えると、ばくぜんと「学問《がくもん》ができれば……」という淡《あわ》い夢《ゆめ》をいだいて江戸《えど》に出《で》たとしても、そのことをとがめることはできないでしょう。三味線《しゃみせん》や琴《こと》、それに「あんま」や「はり治療《ちりょう》」の修業《しゅぎょう》に明《あ》け暮《く》れ、書物《しょもつ》を読《よ》んでもらうことや、学問《がくもん》をする余地《よち》がまったくないなどとは、江戸《えど》に出《で》るまでは考《かんが》えてもみませんでした。

そのうえ手先《てさき》の不器用《ぶきよう》な保己一《ほきいち》は、琴《こと》の演奏《えんそう》やはり治療《ちりょう》の腕《うで》が少《すこ》しも上《あ》がらないのです。興味《きょうみ》も関心《かんしん》もないところに、修業《しゅぎょう》への意欲《いよく》などわくはずはありません。やる気《き》がなければ上達《じょうたつ》を望《のぞ》むことなどとても無理《むり》でした。

一年《いちねん》たっても、見《み》るべき成果《せいか》は見《み》られず、琴《こと》や三味線《しゃみせん》は一曲《いっきょく》もまともに演奏《えんそう》できるものはありませんでした。

日頃《ひごろ》の生活態度《せいかつたいど》を見《み》ていた師匠《ししょう》の雨富検校《あめとみけんぎょう》も、さすがに放《ほお》っておけませんでした。これから、この弟子《でし》をどう指導《しどう》していったらよいか、と頭《あたま》を痛《いた》めていたのです。盲人《もうじん》は、どちらかというと感覚《かんかく》が鋭《するど》く、指先《ゆびさき》の器用《きよう》な人《ひと》が多《おお》いのですが、この新《あたら》しい弟子《でし》だけは、どうもそうではないのです。

しかし、入門《にゅうもん》して間《ま》もなく、師匠《ししょう》は保己一《ほきいち》がほかの弟子《でし》とはどこか違《ちが》うことにうすうす気《き》づいていました。「はりの神様《かみさま》」といわれた杉山検校和一《すぎやまけんぎょうわいち》が著《あらわ》した『杉山三部書《すぎやまさんぶしょ》』などの医学《いがく》の専《せん》門書《もんしょ》を読《よ》んで聞《き》かせると、その内容《ないよう》をよく理解《りかい》するばかりか、すべて暗記《あんき》さえしてしまうのには驚《おどろ》きました。

保己一《ほきいち》は、気《き》が乗《の》らないながらも、修業《しゅぎょう》に励《はげ》んではいたのです。しかし、そんな状態《じょうたい》ですから、なにをしても、失敗《しっぱい》の連続《れんぞく》でした。いつも仲間《なかま》からは文句《もんく》を言《い》われたり、笑《わら》われるのでした。実際《じっさい》のところ、一座《いちざ》の「落《お》ちこぼれ」といわれてもしかたがない保己一《ほきいち》でした。

どうしてよいか悩《なや》み苦《くる》しみました。夜《よる》になると生《う》まれ故郷《こきょう》のことが思《おも》い出《だ》され、ひとり涙《なみだ》をながすのでした。大《おお》きな夢《ゆめ》をいだいて江戸《えど》に出《で》てきたのに、世渡《よわた》りのへたな保己一《ほきいち》にとって、現実《げんじつ》は生《い》きていくことさえむずかしそうに思《おも》えてくるのでした。

しかし、これまでにお世話《せわ》になった多《おお》くの人《ひと》たちのことを思《おも》うと、いまさら負《ま》け犬《いぬ》のように、おめおめと田舎《いなか》の児玉《こだま》へ逃《に》げ帰《かえ》ることなどできません。

「江戸《えど》に出《で》て一年《いちねん》がたった。長《なが》い一年《いちねん》だった……、こんな生活《せいかつ》が続《つづ》くのであれば五年《ごねん》たっても、十年《じゅうねん》たっても、自分《じぶん》の夢《ゆめ》がかなうこともないだろう。いったいどうしたらいいのだ？……生《い》きていてもしかたがない……」

ついつい悲観的《ひかんてき》にものを考《かんが》えて、苦《くる》しい日々《ひび》を送《おく》っていたのです。

「いっそのこと、死《し》んで、あの世《よ》の母《はは》のところへ行《い》ってしまったらどんなに楽《らく》だろう……」

そんな思《おも》いがふと頭《あたま》をよぎったのです。

ある晩《ばん》のこと、だれもが寝静《ねしず》まってから、師匠《ししょう》の家《いえ》をこっそり抜《ぬ》け出《だ》しました。そして、江戸城《えどじょう》の堀《ほり》の一《ひと》つ、牛ケ淵《うしがふち》のほとりにやってきて、身《み》を投《な》げようとしました。

そのときです。偶然《ぐうぜん》亡《な》くなった母《はは》の形見《かたみ》の巾着《きんちゃく》が手《て》に触《ふ》れました。母《はは》の顔《かお》が、ふと見《み》えない目《め》に浮《う》かんだのです。自分《じぶん》をあれほどまでに愛《あい》し、励《はげ》ましてくれた母《はは》の優《やさ》しい笑顔《えがお》です。目《め》が見《み》えない息子《むすこ》のために自分《じぶん》の命《いのち》まで縮《ちぢ》め面倒《めんどう》を見《み》てくれた母《はは》でした。

「大《おお》きな志《こころざし》をもって故郷《こきょう》をあとにしたのに、一年《いちねん》そこそこであきらめて、死《し》んでしまおうなんて、自分《じぶん》のために苦労《くろう》してくれた両親《りょうしん》に顔向《かおむ》けできない。……生《い》きているかぎり、命《いのち》がけで努力《どりょく》すれば、いつかは道《みち》が開《ひら》けることもあるだろう……」

こうして、死《し》ぬことを思《おも》いとどまり、そっと師匠《ししょう》の家《いえ》に戻《もど》ったのでした。

「死《し》のうとまで思《おも》いつめたということを忘《わす》れずに、苦《くる》しいことに耐《た》えて、もう一度《いちど》、努力《どりょく》してみよう」

　このとき、保己一《ほきいち》は新《あら》たな決意《けつい》をしたのです。

「わたしは音曲《おんぎょく》（三味線《しゃみせん》や琴《こと》など）や鍼按《しんあん》（はりとあんま）の修《しゅ》業《ぎょう》では、とても一座《いちざ》の仲間《なかま》にはかなわない。だから、どんなに苦《くる》しいことがあっても、自分《じぶん》の好《す》きな学問《がくもん》に人生《じんせい》をかけてみよう」

　それから、数日《すうじつ》してのことです。師匠《ししょう》の雨富検校《あめとみけんぎょう》は、保己一《ほきいち》を呼《よ》んで、こう告《つ》げました。

「ちょっと言《い》っておきたいことがある。おまえも、盲人《もうじん》が生《い》きていくための業《わざ》を身《み》につけようとして、はるばる江戸《えど》に出《で》てきたのだろうが、うちに入門《にゅうもん》してからというもの、なにひとつ身《み》についてはいないではないか……。心配《しんぱい》していたのだ。学問《がくもん》だけは好《す》きなようだが……、盲人《もうじん》が学問《がくもん》で生《い》きていくことはとてもできまい……。正直《しょうじき》なところ、わたしには学問《がくもん》のことはとんとわからない。だが、師匠《ししょう》としては、弟子《でし》のおまえになんとしても一人前《いちにんまえ》の人間《にんげん》になってほしい、……ただただそう願《ねが》うばかりだ。おまえが学問《がくもん》をやりたいと思《おも》っていることに反対《はんたい》し、またじゃまをする気《き》など毛頭《もうとう》ない。覚悟《かくご》していると思《おも》うが、目《め》が見《み》えないのに学問《がくもん》をするのは、なみたいていの苦労《くろう》ではないぞ……わかっているな。だがな……、悪《わる》いことをするのでなければ、おまえがなにをやってみてもよいと思《おも》っている。その気《き》があれば、これから三年《さんねん》の間《あいだ》だけ、おまえの生活《せいかつ》の面倒《めんどう》をみてあげよう。ただし、その間《あいだ》に見《み》るべきものがなかったら、そのときこそ児玉《こだま》の実家《じっか》に帰《かえ》すが……、それでよいな……」

保己一《ほきいち》は、天《てん》にものぼる心地《ここち》がしました。なにをやってもだめな自分《じぶん》のことをちゃんと見《み》てくれていたのです。師《し》の優《やさ》しい心《こころ》配《くば》りに、感謝《かんしゃ》の涙《なみだ》があふれてくるのでした。これまで、毎日《まいにち》うつむいてばかりいたこの少年《しょうねん》は、このときから、上《うえ》を見上《みあ》げ、顔《かお》を輝《かがや》かせて生《い》きるようになったのです。

「自分《じぶん》のことを理解《りかい》してくれる人《ひと》がいる！」

十六歳《じゅうろくさい》のときのことでした。

多《おお》くの人《ひと》たちに支《ささ》えられて学問《がくもん》の道《みち》へ

こうして、一座《いちざ》の師匠《ししょう》のはからいで、そのころ江戸《えど》で名《な》の知《し》られた国学者《こくがくしゃ》の萩原宗固《はぎはらそうこ》のところへ入門《にゅうもん》しました。保己一《ほきいち》はそれまでの生活態度《せいかつたいど》とはまったくちがって、わずかな時間《じかん》を惜《お》しんでは学問《がくもん》に精《せい》を出《だ》したのです。そのほかの学問《がくもん》についても、それぞれの師匠《ししょう》について学《まな》びました。漢学《かんがく》や神道《しんとう》、律令《りつりょう》や歴史《れきし》、それに漢方医学《かんぽういがく》などです。その学問《がくもん》の進歩《しんぽ》にはめざましいものがありました。

驚《おどろ》いたことに、あの嫌《いや》だったあんまの修業《しゅぎょう》にさえ、喜《よろこ》んで取《と》り組《く》むようになったのです。次第《しだい》にその腕《うで》も上達《じょうたつ》し「あんまの保《ほ》己一《きいち》」としてお得意《とくい》さんもふえてきました。後《のち》にこの技術《ぎじゅつ》が、保《ほ》己一《きいち》の学問《がくもん》を進《すす》めるうえで大《おお》いに役立《やくだ》ったのです。

こうして、一座《いちざ》では「落《お》ちこぼれ」であった保己一《ほきいち》も、学問《がくもん》では思《おも》う存分《ぞんぶん》その才能《さいのう》を発揮《はっき》しました。自分《じぶん》の目《め》で文字《もじ》が読《よ》めない保己一《ほきいち》にとってはどんなに苦労《くろう》が多《おお》く、努力《どりょく》と忍耐《にんたい》が必要《ひつよう》だったことでしょう。

そして、保己一《ほきいち》は学問《がくもん》をこころざす若《わか》い人《ひと》たちの間《あいだ》でも肩《かた》を並《なら》べる者《もの》はいないといわれるほどになりました。こうなっては、一《いち》座《ざ》の師《し》匠《しょう》も「保《ほ》己《き》一《いち》は見《み》込《こ》みがある。将《しょう》来《らい》が楽《たの》しみだ」と、周《まわ》りの人《ひと》たちにもらすようになりました。

このころ、身《み》を寄《よ》せていた雨富検校《あめとみけんぎょう》の屋《や》敷《しき》のとなりに、松平《まつだいら》乗尹《のりただ》という学《がく》問《もん》を愛《あい》する旗本《はたもと》が住《す》んでいました。目《め》が見《み》えないのに学《がく》問《もん》に熱《ねっ》心《しん》な少《しょう》年《ねん》がいるという噂《うわさ》を聞《き》いて感《かん》心《しん》し、どうかして助《たす》けてあげたいものだと思《おも》いました。

そして、一日《いちにち》おきに、朝《あさ》まだ暗《くら》いうちから、出《しゅっ》仕《し》前《まえ》の二《に》時《じ》間《かん》ほどの時《じ》間《かん》を割《さ》いて、保《ほ》己《き》一《いち》のために本《ほん》を読《よ》んでくれたのです。乗《のり》尹《ただ》は作《さく》事《じ》奉《ぶ》行《ぎょう》という幕《ばく》府《ふ》の建《たて》物《もの》を管《かん》理《り》する重《おも》いお役《やく》目《め》についている旗《はた》本《もと》でした。身《み》分《ぶん》の高《たか》い旗本武士《はたもとぶし》が、農《のう》家《か》生《う》まれの盲《もう》目《もく》の少《しょう》年《ねん》のために貴《き》重《ちょう》な朝《あさ》の時《じ》間《かん》を割《さ》いてくれたのですから驚《おどろ》きです。そして、間《ま》もなく、こう確信《かくしん》したといいます。

「この盲少年《もうしょうねん》は、将来必《しょうらいかなら》ずひとかどのことを成《な》し遂《と》げる人物《じんぶつ》になるにちがいない」

また、こんな話《はなし》もあります。

ある旗本《はたもと》の奥様《おくさま》は、目《め》の見《み》えない若者《わかもの》が熱心《ねっしん》に学問《がくもん》に取《と》り組《く》み、苦労《くろう》しているという話《はなし》を聞《き》き、保己一《ほきいち》を「あんま」に呼《よ》んでくれるようになりました。保己一《ほきいち》に肩《かた》や腰《こし》をもんでもらいながら、奥《おく》様《さま》は本《ほん》を読《よ》んでくれ、あんまが終《お》わると、おいしい煮豆《にまめ》を竹《たけ》の皮《かわ》に包《つつ》んで持《も》たせてくれるのです。

「途中《とちゅう》、お腹《なか》がすいたら、これでもお食《た》べなさい。よその家《いえ》では、食事《しょくじ》は遠慮《えんりょ》したほうがいいと思《おも》いますよ。……あなたの食事《しょくじ》のときの様子《ようす》を見《み》ていると、ときどき見苦《みぐる》しいことがありますからね。

こんなことで、学問《がくもん》で身《み》を立《た》てようとしているあなたの評判《ひょうばん》を落《お》とすことがあってはいけません……。わたしの言《い》うことを気《き》にしないでくださいね……、いいですか」

食事《しょくじ》の作法《さほう》のことで注意《ちゅうい》を受《う》けるなど、どんなにか恥《は》ずかしかったことでしょう。でも、亡《な》くなった母親《ははおや》のように、自分《じぶん》のことを思《おも》って、親切《しんせつ》に注意《ちゅうい》してくれているのですから、むしろありがたく思《おも》えたのです。ですから素直《すなお》に耳《みみ》をかたむけることができました。

また、同《おな》じころのことですが、別《べつ》の旗本《はたもと》の奥様《おくさま》も、「あんま」のために保己一《ほきいち》を屋敷《やしき》に呼《よ》んでは、そのお返《かえ》しに本《ほん》を読《よ》んでくれるのでした。

ある夏《なつ》の午後《ごご》のことです。あんまも終《お》わって、いつものように奥様《おくさま》は蚊帳《かや》のなかから本《ほん》を読《よ》んでくださり、保己一《ほきいち》は外《そと》で聞《き》いていました。保己一《ほきいち》が疲《つか》れて居眠《いねむ》りでもしてはいないかと、ふと蚊《か》帳《や》を通《とお》して見《み》たのです。すると、驚《おどろ》いたことに、両手《りょうて》をひもで結《ゆ》わえて、手《て》が動《うご》かないようにして、聞《き》き入《い》っているのです。奥《おく》様《さま》は笑《わら》いながらたずねました。

「その手《て》は一体《いったい》どうしたのですか。両手《りょうて》を結《ゆ》わえていたら、蚊《か》に刺《さ》されても、追《お》い払《はら》うこともできないではありませんか」

すると、保己一《ほきいち》は答《こた》えて言《い》いました。

「蚊《か》に刺《さ》されると、つい手《て》で追《お》い払《はら》ったり、たたいたりしてしまいます。そのことで気《き》が散《ち》って、もし奥様《おくさま》が読《よ》んでくださる一言《ひとこと》でも聞《き》き逃《のが》すことがあったらたいへんです。ですから、蚊《か》などに惑《まど》わされず、注意《ちゅうい》を集中《しゅうちゅう》できるように手《て》を結《ゆ》わえているのです」

保己一《ほきいち》の言葉《ことば》に奥様《おくさま》の顔《かお》から笑《え》みがサッと消《き》えました。学問《がくもん》への真剣《しんけん》な姿《すがた》に心《こころ》を動《うご》かされて、これまで以上《いじょう》にたくさんの本《ほん》を読《よ》んでくれるようになりました。

それだけではありません。歴史物語《れきしものがたり》が好《す》きなのを知《し》って、保己《ほき》一《いち》に『栄華物語《えいがものがたり》』四十冊全巻《よんじゅっさつぜんかん》をプレゼントしてくれたのです。

「大変《たいへん》でも、がんばってくださいね。これからも応援《おうえん》していますからね……」

保己一《ほきいち》はこの励《はげ》ましの言葉《ことば》を一生《いっしょう》の間《あいだ》忘《わす》れませんでした。

実《じつ》は、自分《じぶん》の持《も》ち物《もの》としての本《ほん》を持《も》ったのは、この『栄華物《えいがもの》語《がたり》』がはじめてでした。どんなにうれしかったことでしょう。当《とう》時《じ》本《ほん》を手《て》に入《い》れるということは、そのくらいたいへんなことだったのです。のちに収集《しゅうしゅう》した何万冊《なんまんさつ》もの書物《しょもつ》のうちでも、この四十巻《よんじゅっかん》を特《とく》に大切《たいせつ》にしたのには、こんな理由《りゆう》があったからです。

江戸《えど》に出《で》て六年後《ろくねんご》、保己一《ほきいち》は「衆分《しゅうぶん》」の位《くらい》につきました。名前《なまえ》も、一座《いちざ》に入門《にゅうもん》したときにつけてもらった「千弥《せんや》」から、生《う》まれ故《こ》郷《きょう》の保木野村《ほきのむら》にちなんで「保木野一《ほきのいち》」と変えました。「衆分《しゅうぶん》」とは盲人社会《もうじんしゃかい》の官位《かんい》です。「検校《けんぎょう》」が一番高《いちばんたか》い位《くらい》で、次《つぎ》が「勾当《こうとう》」、そしてこの「衆分《しゅうぶん》」が三番目《さんばんめ》です。これは一般《いっぱん》の盲人《もうじん》よりも高《たか》い身分《みぶん》で、一生《いっしょう》かかってもこの位《くらい》までのぼれない盲人《もうじん》たちがほとんどでした。

このように昇進《しょうしん》できたのは、学問《がくもん》が進《すす》みやすいようにとの、雨富検校《あめとみけんぎょう》夫妻《ふさい》の優《やさ》しい配慮《はいりょ》によるものでした。そして、さらに学問《がくもん》は進《すす》み、本格的《ほんかくてき》に歴史《れきし》や律令《りつりょう》について学《まな》び始《はじ》めました。

関西旅行《かんさいりょこう》

突然《とつぜん》のことでしたが、保己一《ほきいち》が二十歳《はたち》になった明和三年《めいわさんねん》（一七六六）、二ケ月《にかげつ》にわたって伊勢《いせ》から京都《きょうと》、奈良《なら》、大坂《おおさか》と関西《かんさい》旅行《りょこう》を続《つづ》けることになりました。

もともと体《からだ》があまり丈夫《じょうぶ》ではなかったところに加《くわ》えて、学問《がくもん》に夢中《むちゅう》になりすぎ、無理《むり》がたたったのでしょう。心身《しんしん》ともに疲《つか》れきっている保己一《ほきいち》の異変《いへん》に最初《さいしょ》に気《き》づいたのは師匠夫妻《ししょうふさい》でした。ありがたいことに、実《じつ》の親《おや》にも劣《おと》らない弟子《でし》へのこまやかな気配《きくば》りが日頃《ひごろ》からあったのです。

そして、心配《しんぱい》して、保己一《ほきいち》を自分《じぶん》の部屋《へや》に呼《よ》んで、こういいました。

「何事《なにごと》も、大《おお》きな目的《もくてき》を達成《たっせい》するためには、心《こころ》と体《からだ》が丈夫《じょうぶ》でなければいけない。近《ちか》ごろのおまえは健康《けんこう》がすぐれないのではないかと心配《しんぱい》しているのだが、どうなのだ？　これだけ学問《がくもん》に根《こん》をつめれば、だれだって疲《つか》れがたまるのは無理《むり》もないこと……。旅《たび》に出《で》て、ちがう土地《とち》の空気《くうき》に触《ふ》れるのは気分転換《きぶんてんかん》になる……、心《こころ》も体《からだ》も元気《げんき》になるというものだ。どうだ、しばらく旅《たび》に出《で》てみては？」

そして、付《つ》け加《くわ》えました。

「わたしはかねがね一度《いちど》はお伊勢参《いせまい》りに行《い》きたいと思《おも》っていたのだが、この年齢《ねんれい》ではとても無理《むり》というもの……。どうだろう、わたしに代《か》わって、伊勢《いせ》の大神宮《だいじんぐう》にお参《まい》りに行《い》ってきてはくれまいか。おまえの父上《ちちうえ》も、田舎《いなか》で寂《さび》しい思《おも》いをしていることだろう。江戸《えど》まで来《き》てもらって、いっしょに旅《たび》をしてもらったらいい……」

自分《じぶん》の代《か》わりのお伊勢参《いせまい》りを名目《めいもく》に、旅《たび》をさせようとしたのは、保己一《ほきいち》に少《すこ》しでも余分《よぶん》な精神的負担《せいしんてきふたん》をかけまいとする配慮《はいりょ》からでした。

「なにも急《いそ》ぐことはない。せっかく旅《たび》をしても体《からだ》をこわしたのでは、もとも子《こ》もない。雨降《あめふ》りの日《ひ》や、風《かぜ》の強《つよ》いときには、無理《むり》せず、旅館《りょかん》でゆっくり休《やす》むがいい。お金《かね》に余裕《よゆう》があれば、京都《きょうと》や大《おお》坂《さか》あたりにも足《あし》をのばしてみてはどうだろう」

こうして、師匠《ししょう》は五両《ごりょう》もの大金《たいきん》を出《だ》してくれたのでした。これは、当時《とうじ》、二人《ふたり》が二《に》ケ月《かげつ》もの間《あいだ》、旅《たび》ができるほど高額《こうがく》な金額《きんがく》でした。保己一《ほきいち》はこの師匠《ししょう》の優《やさ》しい心配《こころくば》りに感謝《かんしゃ》の言葉《ことば》もありません。人《ひと》に頼《たの》んで田舎《いなか》の父親《ちちおや》あての手紙《てがみ》を書《か》いてもらい、すぐに江《え》戸《ど》に出《で》てくるように伝《つた》えたのです。

父《ちち》は、息子《むすこ》のことを片時《かたとき》も忘《わす》れることはありませんでした。盲《もう》目《もく》の息子《むすこ》の無事《ぶじ》を祈《いの》って、修業《しゅぎょう》している江戸《えど》の方角《ほうがく》に向《む》かって、毎朝《まいあさ》手《て》を合《あ》わせるのでした。

息子《むすこ》から手紙《てがみ》を受《う》け取《と》った父《ちち》は、すぐに旅《たび》の準備《じゅんび》をすると、急《いそ》いで江戸《えど》に向《む》かいました。幸《さいわ》い農閑期《のうかんき》でどうにか家《いえ》を空《あ》けることができたのです。どんなに忙《いそが》しくても、頭《あたま》から離《はな》れなかった息《むす》子《こ》に会《あ》えると思《おも》うと心《こころ》がはずむのでした。

江戸《えど》に着《つ》いた父《ちち》は、師匠《ししょう》の日頃《ひごろ》の親切《しんせつ》に心《こころ》から礼《れい》を述《の》べました。さっそく一夜《いちや》明《あ》けると、この父《ちち》と子《こ》の二人連《ふたりづ》れは江戸《えど》をあとにしたのです。

こうして、春《はる》の日《ひ》ざしを浴《あ》びた満開《まんかい》のサクラと小鳥《ことり》のさえずり、チョウチョが花《はな》の間《あいだ》を舞《ま》うといった最高《さいこう》の季節《きせつ》に、この親子《おやこ》は「日本人《にほんじん》の心《こころ》のふるさと」である関西《かんさい》の名所旧跡《めいしょきゅうせき》をめぐることになりました。

二人《ふたり》は長《なが》い旅《たび》のすえ、やっと伊勢《いせ》に着《つ》きました。保己一《ほきいち》はそのお社《やしろ》の前《まえ》にひざまずくと、まず師匠《ししょう》のために祈《いの》りました。これまでの数々《かずかず》のご恩《おん》を思《おも》うと涙《なみだ》があふれてくるのでした。伊勢神宮《いせじんぐう》の参拝《さんぱい》をすませてから、京都《きょうと》、大坂《おおさか》、奈良《なら》などの名所《めいしょ》を巡《めぐ》り、六十日間《ろくじゅうにちかん》の旅行《りょこう》を無事終《ぶじお》えて江戸《えど》に戻《もど》ることができました。

特《とく》に、京都《きょうと》では、北野天満宮《きたのてんまんぐう》にお参《まい》りし、目《め》の見《み》えない保己一《ほきいち》も、言葉《ことば》では言《い》い表《あらわ》せない神々《こうごう》しい気分《きぶん》に打《う》たれました。学問《がくもん》の神様《かみさま》としてまつられている菅原道真《すがわらのみちざね》に心《こころ》をひかれ、あらためて学《がく》問《もん》で生《い》きる決意《けつい》をしたのです。

貧《まず》しい農民《のうみん》の出《で》でありながら、天下《てんか》をとるまでに出世《しゅっせ》した豊臣《とよとみ》秀吉《ひでよし》は、これまで保己一《ほきいち》のあこがれの人物《じんぶつ》でした。しかし、この時《とき》を境《さかい》にはっきりと学問《がくもん》の神様《かみさま》である菅原道真《すがわらのみちざね》のほうを自分《じぶん》の守《しゅ》護神《ごしん》とすることを心《こころ》に誓《ちか》ったのです。

自分《じぶん》の全人生《ぜんじんせい》を学問研究《がくもんけんきゅう》にささげる決心《けっしん》をした保己一《ほきいち》は、将来《しょうらい》にわたって人々《ひとびと》のためになる仕事《しごと》をしたいと、あらためて思《おも》うのでした。

「人《ひと》の心《こころ》は弱《よわ》いもので、固《かた》い決心《けっしん》をしていたつもりでも、ひとたび困難《こんなん》に直面《ちょくめん》するとくじけやすいものです。いつ、世《よ》の中《なか》の誘《ゆう》惑《わく》に負《ま》けないともかぎりません。ですから、神様《かみさま》に守《まも》られて、自《じ》分《ぶん》の責任《せきにん》を果《は》たしていかなければなりません。学問《がくもん》の神様《かみさま》である天満宮《てんまんぐう》の御心《みこころ》を自分《じぶん》の心《こころ》として学問《がくもん》を続《つづ》ければ、必《かなら》ず目標《もくひょう》を達成《たっせい》することができると、今《いま》、確信《かくしん》しました」

この旅《たび》を通《とお》して、数々《かずかず》の名所旧跡《めいしょきゅうせき》を訪《おとず》れ、保己一《ほきいち》の歴史《れきし》や文《ぶん》学《がく》への興味関心《きょうみかんしん》はますます強《つよ》まりました。この二ケ月《にかげつ》にわたる関《かん》西旅行《さいりょこう》のおかげで心《こころ》も体《からだ》もすっかり健康《けんこう》を回復《かいふく》し、新《あら》たな人生《じんせい》を歩《あゆ》み出《だ》したのです。

それからというものは驚《おどろ》くほど心《こころ》も体《からだ》も元気《げんき》になりました。そして、盲目《もうもく》という重《おも》い障害《しょうがい》を背負《せお》って学問《がくもん》を続《つづ》ける苦《くる》しさも、まったく気《き》にならなくなったのです。以後《いご》、自分《じぶん》の身《み》に降《ふ》りかかった不幸《ふこう》を嘆《なげ》くこともありませんでした。当時《とうじ》は人生五十年《じんせいごじゅうねん》といわれていた時代《じだい》ですが、七十歳《ななじゅっさい》を越《こ》えても健康《けんこう》そのものでした。

江戸《えど》に戻《もど》った保己一《ほきいち》は、天満宮《てんまんぐう》を一心《いっしん》に信仰《しんこう》するようになりました。身《み》を寄《よ》せている雨富検校《あめとみけんぎょう》の屋敷《やしき》から一里《いちり》（四《よん》キロ）ほど離《はな》れた平河天満宮《ひらかわてんまんぐう》には、たとえ雨《あめ》が降《ふ》っても、風《かぜ》が吹《ふ》いても毎朝《まいあさ》お参《まい》りを欠《か》かしませんでした。

また、検校《けんぎょう》に昇進《しょうしん》してからは、自分《じぶん》の住《す》まいでもあった和学《わがく》講談所《こうだんしょ》の敷地内《しきちない》に天満宮《てんまんぐう》を祭《まつ》り、毎朝《まいあさ》お参《まい》りをしたのでした。これは「和学所天満宮《わがくしょてんまんぐう》」と呼《よ》ばれました。

スケールの大《おお》きな国家的《こっかてき》文化事業《ぶんかじぎょう》ともいえる『群書類従《ぐんしょるいじゅう》』やその他《た》の貴重《きちょう》な書物《しょもつ》の編集《へんしゅう》・発行事業《はっこうじぎょう》が完成《かんせい》できたのは、この信《しん》仰《こう》の力《ちから》によるといえるでしょう。

実《じつ》は、重要《じゅうよう》な書物《しょもつ》を集《あつ》め、部門別《ぶもんべつ》に編集《へんしゅう》した『類聚国史《るいじゅうこくし》』という文献集《ぶんけんしゅう》は、菅原道真《すがわらのみちざね》の手《て》になったもので、保己一《ほきいち》の『群書類《ぐんしょるい》従《じゅう》』への取《と》り組《く》みに大《おお》きく影響《えいきょう》していると思《おも》われます。

悔《くや》しさをバネに

こんな話《はなし》が伝《つた》えられています。

ある雨《あめ》の日《ひ》のことですが、いつものように保己一《ほきいち》は平河天満宮《ひらかわてんまんぐう》にお参《まい》りに行《い》き、その帰《かえ》りのことです。あいにく下駄《げた》の鼻緒《はなお》がその境内《けいだい》で切《き》れてしまいました。たまたま「前川《まえかわ》」という版木師《はんぎし》の店先《みせさき》でした。これ幸《さいわ》いと店《みせ》の前《まえ》に行《い》き、鼻緒《はなお》をすげかえる布《ぬの》きれを分《わ》けてもらえまいかと頭《あたま》を下《さ》げて頼《たの》みました。しかし、お金《かね》の勘定《かんじょう》をしていた店《みせ》の主《あるじ》は、

「なんだ、目《め》が見《み》えねえのか。朝《あさ》っぱらから胸《むな》くそ悪《わる》い……」

そして「これでも使《つか》え!」とばかり穴《あな》あき銭《せん》に通《とお》すワラ縄《なわ》を保《ほ》己一《きいち》に向《む》かって投《な》げつけたのです。あざ笑《わら》う店《みせ》の職人《しょくにん》たちの声《こえ》

が背中《せなか》から聞《き》こえてきました。

その屈辱的《くつじょくてき》な仕打《しう》ちに、保己一《ほきいち》は悔《くや》しさをおさえて、その縄《なわ》を手探《てさぐ》りで探《さが》し当《あ》て、ふところへ入《い》れました。そして、左手《ひだりて》に下駄《げた》をぶら下《さ》げ、右手《みぎて》で杖《つえ》をつき、傘《かさ》もささずに、冷《つめ》たい雨《あめ》のなかを、はだしでその場《ば》を立《た》ち去《さ》ったのです。無我夢中《むがむちゅう》でした。

それから十数年《じゅうすうねん》がたちました。いよいよ『群書類従《ぐんしょるいじゅう》』の準備《じゅんび》が少《すこ》しずつ整《ととの》い、出版《しゅっぱん》の運《はこ》びとなると、保己一《ほきいち》はこともあろうにあのときの版木師《はんぎし》を和学講談所《わがくこうだんしょ》に呼《よ》んでこういいました。

「江戸《えど》には版木師《はんぎし》は大勢《おおぜい》いるが、わたしには特別《とくべつ》な思《おも》いがあって、この大切《たいせつ》な仕事《しごと》をおまえに頼《たの》みたいのだが……」

この前川《まえかわ》という版木師《はんぎし》は、今評判《いまひょうばん》の塙検校《はなわけんぎょう》の仕事《しごと》がいただけるとあって、大喜《おおよろこ》びで、引《ひ》き受《う》けました。

それから、保己一《ほきいち》は静《しず》かな口調《くちょう》で、こういい添えました。

「もう十何年《じゅうなんねん》も前《まえ》のことだが……、わたしも、まだ若《わか》かった頃《ころ》のこと……、わたしは毎日欠《まいにちか》かさず平河《ひらかわ》の天神様《てんじんさま》にお参《まい》りしていた。ある雨降《あめふ》りの日《ひ》の帰《かえ》り道《みち》、途中《とちゅう》で下駄《げた》の鼻緒《はなお》が切《き》れてしまった。目《め》が見《み》えないということは悲《かな》しいもの……、途方《とほう》に暮《く》れて、目《め》の前《まえ》の店《みせ》に飛《と》び込《こ》んだ。そして、『鼻緒《はなお》をすげる布《ぬの》きれを分《わ》けてもらえまいか』と頼《たの》み込《こ》んだのだが……。ところが『一丁前《いっちょまえ》になまいきなことを言《い》いやがる』と言《い》わんばかりの侮辱的《ぶじょくてき》な言葉《ことば》を浴《あ》びせられた。あのときは、言葉《ことば》では言《い》えない悔《くや》しい思《おも》いをした。ぐっと唇《くちびる》をかみしめ、拳《こぶし》を握《にぎ》りしめ、がまんをした。そのとき思《おも》ったのは、『この悔《くや》しさを忘《わす》れずに、たとえ目《め》が見《み》えなくても、人様《ひとさま》から後《うし》ろ指《ゆび》を指《さ》されない人間《にんげん》になろう』と……。これがそのときのワラ縄《なわ》……。それからというもの、あの日《ひ》のことは一日《いちにち》たりとも忘《わす》れることはなかった。わたしの学問《がくもん》は順調《じゅんちょう》に進《すす》み、おかげさまで、いよいよ『群書類従《ぐんしょるいじゅう》』の出版《しゅっぱん》の運《はこ》びとなった次第《しだい》……。こんなことは、とうの昔《むかし》にお忘《わす》れだろうが、あなたが、こんな形《かたち》でわたしを励《はげ》ましてくれたのだ、と今《いま》ではむしろ感《かん》謝《しゃ》している。「人間万事塞翁《にんげんばんじさいおう》が馬《うま》」というが、あのことがなければ、今日《きょう》のこのときを無事迎《ぶじむか》えられたかどうかはわからない。なにが幸《さいわ》いするかわからないものよ……。決《けっ》して、わたしは皮肉《ひにく》をいっているのではない。お礼《れい》をいいたいと思《おも》って、この最初《さいしょ》の仕《し》事《ごと》をあなたにお願《ねが》いするのだ。ですから、しっかりした仕事《しごと》をしてくださいよ……、頼《たの》みますよ」

冷《ひ》や汗《あせ》をかきながらじっと聞《き》いていた前川《まえかわ》は、昔《むかし》の非礼《ひれい》をわびて、何度《なんど》も何度《なんど》も頭《あたま》を下《さ》げて、その場《ば》を立《た》ち去《さ》りました。保己一《ほきいち》から依頼《いらい》された仕事《しごと》に、命《いのち》がけで取《と》り組《く》み、立派《りっぱ》に責任《せきにん》を果《は》たしたことはいうまでもありません。

しかし、実際《じっさい》はぼうだいな枚数《まいすう》の版木《はんぎ》ですから、何人《なんにん》もの版木《はんぎ》師《し》の手《て》によってこの仕事《しごと》はなされました。ですから前川《まえかわ》が彫《ほ》った版木《はんぎ》は全体《ぜんたい》の一部《いちぶ》だったのでしょう。主《おも》に宮田《みやた》と江川《えがわ》という二人《ふたり》の版木師《はんぎし》を中心《ちゅうしん》に開版《かいはん》は進《すす》められたといわれています。

また、こんな話《はなし》もあります。

この天神《てんじん》さまに毎日《まいにち》お参《まい》りにくる盲目《もうもく》の若者《わかもの》を見《み》て、いたずらをする腕白《わんぱく》な子《こ》どもたちがいました。道《みち》をふさいで通《とお》さなかったり、からかいの言葉《ことば》を浴《あ》びせたり、ときには石《いし》を投《な》げつけることさえありました。どんなに悔《くや》しかったことでしょう。しかし、保《ほ》己一《きいち》はそんなそぶりも見《み》せずに、お参《まい》りを続《つづ》けたのです。大《おお》きな目標《もくひょう》をやりとげるには、そのようなことに腹《はら》をたてていてはいけないと、自分自身《じぶんじしん》にいい聞《き》かせていたのです。

そんな毅然《きぜん》とした保己一《ほきいち》の態度《たいど》に、子《こ》どもたちは自然《しぜん》といたずらをしなくなりました。むしろ目《め》が見《み》えないのに学問《がくもん》に励《はげ》んでいる若者《わかもの》と知《し》って一目置《いちもくお》くようになったのです。

天《てん》は自《みずか》ら助《たす》ける者《もの》を助《たす》ける

このころ、豊一《とよのいち》という同《おな》じ一座《いちざ》の兄弟子《あにでし》が金貸《かねか》しをしていました。あくどい方法《ほうほう》で商売《しょうばい》をして五百両《ごひゃくりょう》ものお金《かね》を貯《た》め込《こ》んでいたのです。ところが、どうしたことか、急《きゅう》な病《やまい》で亡《な》くなってしまいました。つくづく人《ひと》の命《いのち》というものはわからないものです。

「人《ひと》を人《ひと》とも思《おも》わないひどい商売《しょうばい》をして、多《おお》くの人《ひと》をしいたげてきた報《むく》いだ」

と陰口《かげぐち》をいう人《ひと》たちもいました。

しかし、この豊一《とよのいち》には家族《かぞく》がいなかったので、その財産《ざいさん》を相続《そうぞく》する者《もの》がおりません。そこで、これをどうしたらよいか、ということが話題《わだい》になりました。

ある弟子《でし》の一人《ひとり》が、師匠《ししょう》の雨富検校《あめとみけんぎょう》に、こう勧《すす》めたのです。

「保己一《ほきいち》は、学問《がくもん》に忙《いそが》しく、わたしたちとちがって収入《しゅうにゅう》の道《みち》がありません。もっと学問《がくもん》に専念《せんねん》できるように、豊一《とよのいち》の財産《ざいさん》を受《う》け継《つ》がせるのがよいと思《おも》いますが……。人《ひと》はいいのだが、お金《かね》にはとんと縁《えん》がない保己一《ほきいち》だから……」

そして、このことが師匠《ししょう》の口《くち》から保己一《ほきいち》に伝《つた》えられました。ところが、意外《いがい》にもこの勧《すす》めを断《ことわ》ってしまったのです。

「豊一《とよのいち》さんとわたしとは、その財産《ざいさん》をいただくほど親《した》しくはありませんでした。考《かんが》え方《かた》もちがっていました。みなさんがわたしのことを心《こころ》にとめてくださるのはありがたいのですが、いただく理《り》由《ゆう》はありません。ご厚意《こうい》だけで十分《じゅうぶん》です。このお金《かね》をいただかずに、自分《じぶん》の力《ちから》でやってみたいと思《おも》います。わたしの思《おも》いが天神《てんじん》様《さま》のお心《こころ》にかなうなら、きっと道《みち》が開《ひら》けると信《しん》じています」

また、こんなこともありました。

ある時《とき》のこと、近所《きんじょ》の貧《まず》しい女性《じょせい》が、よほどお腹《なか》の痛《いた》みがひどかったのでしょう。どうか助《たす》けてほしいと保己一《ほきいち》のところに転《ころ》がり込《こ》んできました。「はり」を打《う》ってほしいというのです。あいにく仲間《なかま》は出払《ではら》っていて、保己一《ほきいち》きり屋敷《やしき》には残《のこ》っていませんでした。腕《うで》には自信《じしん》がなかったのですが、少《すこ》しばかり「はり」の心得《こころえ》があった保己一《ほきいち》は、ひどく苦《くる》しんでいるのを見《み》かねて治療《ちりょう》をしてあげたのです。すると、信《しん》じられないことが起《お》こりました。しばらくすると痛《いた》みがうそのように消《き》え、笑顔《えがお》で帰《かえ》っていきました。

翌日《よくじつ》、その女性《じょせい》は、お礼《れい》の気持《きも》ちを伝《つた》えようと、貧《まず》しい生活《せいかつ》のなかから蓄《たくわ》えたわずかばかりのお金《かね》を届《とど》けに来《き》たのです。しかし、保己一《ほきいち》は受《う》け取《と》ろうとはしませんでした。

「わたしはお金《かね》のために治療《ちりょう》をしたのではありません。あなたが苦《くる》しんでいるのを見《み》かねて、少《すこ》しでも痛《いた》みを和《やわ》らげてあげられれば、と治療《ちりょう》をして差《さ》し上《あ》げたのです。喜《よろこ》んでいただけただけで十分《じゅうぶん》です。ですから、お代《だい》など、いただく気《き》は毛頭《もうとう》ありません。

もし、このお金《かね》を受《う》け取《と》れば、わたしの思《おも》いとはちがったものになってしまうでしょう」

当時《とうじ》、盲人社会《もうじんしゃかい》で出世《しゅっせ》するには、一定《いってい》のお金《かね》、それも高額《こうがく》なお金《かね》を一座《いちざ》に納《おさ》めなければなりませんでした。ですから、多《おお》くの盲《もう》人《じん》たちは、そのお金《かね》を貯《た》めることに人一倍精《ひといちばいせい》を出《だ》していました。そのため、幕府《ばくふ》も、盲人保護《もうじんほご》のために「座頭金《ざとうがね》」といって、高利《こうり》で金《かね》を貸《か》し付《つ》けることを特別《とくべつ》に認《みと》めていたのです。実際《じっさい》は、驚《おどろ》くほど利息《りそく》が高《たか》いばかりではなく、その取《と》り立《た》ても厳《きび》しく、人々《ひとびと》から恐《おそ》れられていました。

保己一《ほきいち》の時代《じだい》になると、金儲《かねもう》けのためには手段《しゅだん》を選《えら》ばない盲人《もうじん》たちが多《おお》く、人々《ひとびと》からも盲人全体《もうじんぜんたい》があたかも「守銭奴《しゅせんど》」のように見《み》られることもありました。先《さき》ほどお話《はな》しした豊一《とよのいち》という兄弟子《あにでし》もその一人《ひとり》でした。そんな盲人《もうじん》たちの姿《すがた》に保己一《ほきいち》は心《こころ》を痛《いた》めていたのです。

このような当時《とうじ》の「万事《ばんじ》が金《かね》」という盲人社会《もうじんしゃかい》のことを考《かんが》えると、保己一《ほきいち》が、どんなに無欲《むよく》で、自立心《じりつしん》に富《と》んでいたかがわかります。盲人社会《もうじんしゃかい》において、文字通《もじどお》り輝《かがや》いた存在《そんざい》でした。「天《てん》は自《みずか》ら助《たす》ける者《もの》を助《たす》ける」という格言《かくげん》は、まさにこの保己一《ほきいち》に当《あ》てはまるのではないでしょうか。

＊ 蚊帳《かや》
寝《ね》るときに、蚊《か》に刺《さ》されるのを防《ふせ》ぐために、寝床《ねどこ》につる網状《あみじょう》の寝具《しんぐ》の一種《いっしゅ》で、昭和三十年代《しょうわさんじゅうねんだい》ぐらいまでは、どこの家庭《かてい》でも使《つか》われていました。

＊『栄華物語《えいがものがたり》』
平安時代《へいあんじだい》に書《か》かれた歴史物語《れきしものがたり》で、正編《せいへん》、続編《ぞくへん》あわせて四十巻《よんじゅっかん》あります。藤原道長《ふじわらのみちなが》の栄華《えいが》を中心《ちゅうしん》に描《えが》いた物語《ものがたり》で、歴史《れきし》の資料《しりょう》としても重要《じゅうよう》なものです。作者《さくしゃ》についてはいろいろな説《せつ》があり、はっきりしません。

＊菅原道真《すがわらのみちざね》（八四五〜九〇三）
五歳《ごさい》で、和歌《わか》を詠《よ》み、十一歳《じゅういっさい》で漢詩《かんし》を作《つく》るほどの天才児《てんさいじ》であったといわれています。出世《しゅっせ》をねたまれて、九州《きゅうしゅう》の太宰府《だざいふ》に流《なが》され、そこで不遇《ふぐう》のうちに亡《な》くなりました。死後《しご》、太政大臣《だじょうだいじん》の称号《しょうごう》を贈《おく》られて、その霊《れい》を京都北野《きょうときたの》に祭《まつ》り、これを北野天満宮《きたのてんまんぐう》といいます。この天満宮《てんまんぐう》は学問《がくもん》の神様《かみさま》である「天神様《てんじんさま》」として多《おお》くの人《ひと》に信仰《しんこう》されています。天満宮《てんまんぐう》、天満神社《てんまじんじゃ》、菅原神社《すがわらじんじゃ》、天神社等《てんじんしゃとう》の名《めい》称《しょう》で親《した》しまれ、全国《ぜんこく》に約一万一千《やくいちまんいっせん》の社《やしろ》があるといわれています。

第三章《だいさんしょう》

水《みず》を得《え》た魚《さかな》のように

賀茂真淵先生《かものまぶちせんせい》との出会《であ》い

関西旅行《かんさいりょこう》から戻《もど》った保己一《ほきいち》は心《こころ》も体《からだ》もすっかり健康《けんこう》をとりもどし、それからというもの、学問《がくもん》の進歩《しんぽ》にも、いっそうめざましいものがありました。

また、学問《がくもん》の師匠《ししょう》であった萩原宗固《はぎはらそうこ》は、保己一《ほきいち》の豊《ゆた》かな才能《さいのう》を見抜《みぬ》いていました。そのころ、賀茂真淵《かものまぶち》は国学《こくがく》の大家《たいか》として全国《ぜんこく》にその名《な》が知《し》られていましたが、同《おな》じ国学者《こくがくしゃ》でも宗固先生《そうこせんせい》とは学《がく》問《もん》の系統《けいとう》が異《こと》なっていました。

しかし、宗固先生《そうこせんせい》は自分《じぶん》の弟子《でし》の豊《ゆた》かな才能《さいのう》をもっと伸《の》ばしてあげるためには、自分《じぶん》のところだけにとどめておいてはよくない、と考えました。そして、賀茂真淵先生《かものまぶちせんせい》の門人《もんじん》となって指導《しどう》を受《う》けることを勧《すす》めたのです。

「学問《がくもん》において大成《たいせい》するには、よい先生《せんせい》につくことが大切《たいせつ》です。今《いま》の時代《じだい》、日本《にほん》の古典《こてん》を学《まな》ぶには賀茂真淵先生《かものまぶちせんせい》をおいてほかにはいません。いつまでもわたしのところだけにとどまらずに、先生《せんせい》から直接指導《ちょくせつしどう》を受《う》けるのが、これからのあなたの学問《がくもん》には必要《ひつよう》です。でも、あなたがわたしの弟子《でし》であったということは、いわないほうがいい。今《いま》までほかの師匠《ししょう》のところで学《まな》んでいたと聞《き》いたら、先生《せんせい》も遠慮《えんりょ》するかもしれないからです。先生《せんせい》があなたを避《さ》けるようなことがあってもいけないですからね」

当時《とうじ》から、学問《がくもん》の世界《せかい》でも派閥《はばつ》があり、互《たが》いに反目《はんもく》しあうことも少《すく》なくありませんでした。にもかかわらず、宗固先生《そうこせんせい》は弟子《でし》をあえて自分《じぶん》とは異《こと》なる系統《けいとう》の真淵先生《まぶちせんせい》のところで学《まな》ばせようとしたのです。それは弟子《でし》の将来《しょうらい》を考《かんが》え、その才能《さいのう》を大《おお》きく伸《の》ばしてあげたいという純粋《じゅんすい》な思《おも》いからでした。優秀《ゆうしゅう》な愛弟子《まなでし》を手放《てばな》して、あえて他《ほか》の学者《がくしゃ》に弟子入《でしい》りすることをすすめる師匠《ししょう》が、どこにいるでしょうか。宗固先生《そうこせんせい》がどんなに心《こころ》が広《ひろ》く、教育者《きょういくしゃ》としても立派《りっぱ》な人《ひと》であったかがわかります。

こうして、宗固先生《そうこせんせい》の勧《すす》めにしたがって、保己一《ほきいち》は真淵先生《まぶちせんせい》の門《もん》をたたきました。保己一《ほきいち》にはじめて会《あ》った先生《せんせい》は、学問《がくもん》にひたむきな態度《たいど》に感心《かんしん》し、これまでに読《よ》んだ書物《しょもつ》についていろいろと質問《しつもん》しました。

「学問《がくもん》をこころざす者《もの》のなかには、師匠《ししょう》のいったことを、そのまま鵜呑《うの》みにして、まねるだけの者《もの》が多《おお》いのは残念《ざんねん》だ。書物《しょもつ》の良否《りょうひ》を自分《じぶん》で判断《はんだん》できるようでないと、ほんとうの学問《がくもん》は大成《たいせい》しない。

だがあなたは、若《わか》いのに、自分自身《じぶんじしん》の考《かんが》えをしっかりもっている。このことを忘《わす》れずにしっかりやりなさい」

真淵先生《まぶちせんせい》は、保己一《ほきいち》が自分《じぶん》でよく考《かんが》え、判断《はんだん》しながら学《まな》んでいる態度《たいど》をほめてくれたのです。自分《じぶん》では文字《もじ》を読《よ》むことができない保己一《ほきいち》が、学問《がくもん》を研究《けんきゅう》しようとする強《つよ》い意欲《いよく》を持《も》っていることに、心《こころ》をひかれたのでしょう。

残念《ざんねん》なことに、真淵先生《まぶちせんせい》は保己一《ほきいち》が入門《にゅうもん》して半年後《はんとしご》に七十三歳《ななじゅうさんさい》で世《よ》を去《さ》りました。しかし、このわずかな六ケ月《ろっかげつ》の間《あいだ》に、六国史《りっこくし》を読《よ》み通《とお》すことができたのです。それ以上《いじょう》に、ここに入門《にゅうもん》して学《まな》んだことは、その後《ご》の保己一《ほきいち》の人生《じんせい》に大《おお》きな影響《えいきょう》を与《あた》えました。先生《せんせい》の立派《りっぱ》な人柄《ひとがら》や、その学問《がくもん》への姿勢《しせい》にじかに触《ふ》れることができたのは、保己一《ほきいち》にとって幸運《こううん》でした。

そのほかにも、その門下《もんか》には文学《ぶんがく》や歴史《れきし》、それに有職故実《ゆうそくこじつ》を研《けん》究《きゅう》している優秀《ゆうしゅう》な学者《がくしゃ》が大勢《おおぜい》集《あつ》まっていたからです。情報《じょうほう》を手《て》に入《い》れるのにかぎりがあった保己一《ほきいち》です。ここで出会《であ》った学問《がくもん》をこころざす多《おお》くの人《ひと》たちを通《とお》して、交友関係《こうゆうかんけい》が大《おお》きく広《ひろ》がり、自《し》然《ぜん》と学問《がくもん》にも幅《はば》が出《で》てきたのです。

名声《めいせい》のためではなく

それからの数年間《すうねんかん》は、保己一《ほきいち》がもっとも精力的《せいりょくてき》に活躍《かつやく》した時《じ》期《き》です。数千冊《すうせんさつ》もの書物《しょもつ》を読破《どくは》し、十二分《じゅうにぶん》にその才能《さいのう》を発揮《はっき》したのです。今《いま》の「衆分《しゅうぶん》」の地位《ちい》に満足《まんぞく》せずに、「検校《けんぎょう》」に次《つ》ぐ「勾《こう》当《とう》」の位《くらい》に昇進《しょうしん》したいと考《かんが》えるようになりました。それは決《けっ》して、自分《じぶん》の名誉欲《めいよよく》を満足《まんぞく》させるためではありませんでした。

少《すこ》しでも高《たか》い地位《ちい》につくことが、貴重《きちょう》な書物《しょもつ》の出版《しゅっぱん》や学問研究《がくもんけんきゅう》をスムーズに進《すす》めるうえで、どうしても必要《ひつよう》だったからです。一部《いちぶ》の特定《とくてい》の家《いえ》に秘蔵《ひぞう》されている書物《しょもつ》を借《か》り出《だ》すことは大変《たいへん》なことでした。新《あたら》しく書物《しょもつ》の発行《はっこう》を計画《けいかく》するにしても、また、そのために多額《たがく》の資金《しきん》を調達《ちょうたつ》するにも、信用《しんよう》をえる意味《いみ》で社会的《しゃかいてき》な地位《ちい》はどうしても欠《か》かせませんでした。

前《まえ》にもお話《はな》ししましたが、当時《とうじ》の盲人社会《もうじんしゃかい》で出世《しゅっせ》できるかどうかは、すべて高額《こうがく》のお金《かね》が納《おさ》められるかどうかにかかっていました。そのため、多《おお》くの盲人《もうじん》たちは、お金《かね》を貯《た》めることに夢中《むちゅう》になり、ときには世間《せけん》の人《ひと》たちからは「幕府《ばくふ》の保護《ほご》をいいことに、盲人《もうじん》たちは自分勝手《じぶんかって》な振《ふ》る舞《ま》いをしている」と批判《ひはん》されたのです。

保己一《ほきいち》は、学問《がくもん》のお師匠《ししょう》さんに月謝《げっしゃ》を払《はら》い、読《よ》む本《ほん》を手《て》に入《い》れなければならないので、他《ほか》の人《ひと》よりもどうしても余分《よぶん》なお金《かね》が必要《ひつよう》なのです。しかも、学問《がくもん》に専念《せんねん》するためには、これまでのように「あんま」をしてお金《かね》をかせぐ時間《じかん》はありません。ですから、少《すこ》しも無駄《むだ》づかいをすることはできないのです。お金《かね》がものをいう盲人《もうじん》社会《しゃかい》においては、一銭《いっせん》にもならない学問《がくもん》で身《み》をたてようという保《ほ》己一《きいち》の願《ねが》いを実現《じつげん》するのは、だれの目《め》にも困難《こんなん》に思《おも》えました。

天満宮《てんまんぐう》に、願《ねが》いが実現《じつげん》するように千日《せんにち》にわたって、般若心経《はんにゃしんぎょう》を毎日百遍唱《まいにちひゃっぺんとな》えることを誓《ちか》いました。そして、それを確実《かくじつ》に実行《じっこう》したのです。なにごとにおいても誘惑《ゆうわく》の多《おお》い世《よ》の中《なか》です。心《こころ》の迷《まよ》いがあっては、ほんとうの学問《がくもん》はできないからです。

よこしまな心《こころ》を捨《す》て、「志《こころざし》有《あ》る者《もの》は　事竟《ことつい》に成《な》る」（しっかりした志《こころざし》のある人《ひと》は、途中《とちゅう》で困難《こんなん》やつまずきがあっても、最後《さいご》には成功《せいこう》するものだ）という、まさにこの格言《かくげん》を心《こころ》の支《ささ》えとして、保己一《ほきいち》は学問《がくもん》に励《はげ》んだのでした。

一座《いちざ》の師匠《ししょう》である雨富検校夫妻《あめとみけんぎょうふさい》は弟子《でし》の固《かた》い決意《けつい》に心《こころ》を動《うご》かされて、勾当《こうとう》（盲人一座《もうじんいちざ》で検校《けんぎょう》に次《つ》ぐ二番目《にばんめ》の地位《ちい》）に昇進《しょうしん》できるように百両《ひゃくりょう》もの大金《たいきん》を準備《じゅんび》してくれたのです。盲人社会《もうじんしゃかい》の高《たか》い地位《ちい》が、保己一《ほきいち》の学問《がくもん》を進《すす》めるうえで、どうしても必要《ひつよう》だということがわかっていたからです。

安永四年《あんえいよねん》（一七七五）の正月《しょうがつ》、この願《ねが》いがかない、勾当《こうとう》に昇進《しょうしん》しました。志《こころざし》をたててから九百日目《きゅうひゃくにちめ》のことでした。

勾当《こうとう》に昇進《しょうしん》したとき、雨富検校《あめとみけんぎょう》の本姓《ほんせい》である「塙《はなわ》」という姓《せい》をもらいました。親同然《おやどうぜん》といってもよい師匠《ししょう》の本姓《ほんせい》をいただいて、どんなにうれしかったことでしょう。

保己一《ほきいち》の生家《せいか》は代々《だいだい》「荻野《おぎの》」を名乗《なの》っていました。ですから、本来《ほんらい》ならば、この姓《せい》を名乗《なの》るのでしょうが、そのころすでに、名古屋《なごや》に平家琵琶《へいけびわ》の名手《めいしゅ》で「荻野検校《おぎのけんぎょう》」という人《ひと》がいました。保己一《ほきいち》が「荻野検校《おぎのけんぎょう》」を名乗《なの》らなかった理由《りゆう》は、座《ざ》の決《き》まりで同《おな》じ検校名《けんぎょうめい》を使《つか》うことはできないことになっていたからです。

そして、名前《なまえ》も、故郷《こきょう》の保木野村《ほきのむら》にちなんだこれまでの保木野《ほきの》一《いち》という名前《なまえ》を保己一《ほきいち》に変《か》えました。これは中国《ちゅうごく》の『文選《もんぜん》』という本《ほん》の「己《おのれ》を保《たも》ち、百年《ひゃくねん》を安《やす》んず」という言葉《ことば》からとったものです。「おのれの人生《じんせい》を百歳《ひゃくさい》まで保《たも》って、かねてからの『群書類従《ぐんしょるいじゅう》』完成《かんせい》の目的《もくてき》をとげよう」という保己一《ほきいち》の決意《けつい》のほどがうかがわれます。

「〇〇一《なになにいち》」または「城〇〇《じょうなになに》」と名乗《なの》るのが盲人一座《もうじんいちざ》の慣《なら》わしでし

た。江戸《えど》に出《で》てから十五年後《じゅうごねんご》の、このときから名実《めいじつ》ともに「塙《はなわ》保己一《ほきいち》」が誕生したのです。

この年《とし》、長年住《ながねんす》み慣《な》れた雨富検校《あめとみけんぎょう》の一座《いちざ》から高井大隅守《たかいおおすみのかみ》の屋《や》敷《しき》に移《うつ》りました。この旗本《はたもと》は学問《がくもん》を尊《とうと》び、たくさんの蔵書《ぞうしょ》があったので、その屋敷《やしき》のうちに住《す》むことは、学問《がくもん》をするうえではとても都合《つごう》がよかったのです。

このとき、保己一《ほきいち》は三十歳《さんじゅっさい》でした。孔子《こうし》の「三十《さんじゅう》にして立《た》つ」という言葉《ことば》どおり、自分《じぶん》の足《あし》でしっかりと大地《だいち》を踏《ふ》みしめ、目標《もくひょう》に向《む》かって大《おお》きく歩《あゆ》み始《はじ》めました。

『群書類従《ぐんしょるいじゅう》』の編集《へんしゅう》・発行《はっこう》

「精神一到何事《せいしんいっとうなにごと》か成《な》らざらん」（どんな難《むずか》しいことでも、全精神《ぜんせいしん》

を集中《しゅうちゅう》して努力《どりょく》すれば、成《な》し遂《と》げられないことはない）

保己一《ほきいち》はこの格言《かくげん》を心《こころ》に刻《きざ》み込《こ》み、いよいよライフワークである『群書類従《ぐんしょるいじゅう》』の編集《へんしゅう》・発行《はっこう》にとりかかる決意《けつい》をしました。三十四歳《さんじゅうよんさい》のときのことです。

「固《かた》い決意《けつい》さえあれば、世《よ》に出《で》て、わたしでなければできないことをやりとげることができるでしょう。わたしは自分《じぶん》が平安時代《へいあんじだい》の学者《がくしゃ》である小野篁《おののたかむら》の子孫《しそん》であることをほこりに思《おも》っています。これからは、「あんま・はり」や「琴《こと》・三味線《しゃみせん》」の修業《しゅぎょう》をやめて、学問《がくもん》に専念《せんねん》し、何世代《なんせだい》のちまで残《のこ》る仕事《しごと》をやりとげるつもりです。わたしは歴史《れきし》や古代律令《こだいりつりょう》の研究者《けんきゅうしゃ》として世《よ》に立《た》ちたいと思《おも》います。古《ふる》くから伝《つた》えられている貴重《きちょう》な書物《しょもつ》を集《あつ》めて、次《つぎ》の世代《せだい》に確実《かくじつ》に伝《つた》えてゆきたいと、長《なが》い間《あいだ》願《ねが》ってきました。中国《ちゅうごく》には古《ふる》い書物《しょもつ》を集《あつ》めた全集《ぜんしゅう》がありますが、この国《くに》にはそういうものは、これまでありませんでした。貴重《きちょう》な書物《しょもつ》があちこちに散逸《さんいつ》するのを黙《だま》って見《み》ているわけにはいきません。もしこのまま放置《ほうち》されれば、何百年《なんびゃくねん》もたたないうちに、その貴重《きちょう》な文化財《ぶんかざい》は、永遠《えいえん》にこの世《よ》から消《き》えてしまうかもしれません。そうなったら、これまで日本《にほん》の歴史《れきし》に刻《きざ》み込《こ》まれてきた豊《ゆた》かな日本人《にほんじん》の精神《せいしん》や日本《にほん》の文化《ぶんか》が失《うしな》われ、取《と》り返《かえ》しがつかないことになります。古《ふる》い書物《しょもつ》を収集《しゅうしゅう》し、その間違《まちが》いを正《ただ》して、版木《はんぎ》におこしておけば、これから学問《がくもん》をこころざすすべての人《ひと》たちのために、いつでも、必要《ひつよう》なときに役立《やくだ》つにちがいありません。この事業《じぎょう》がわたしに与《あた》えられた一生《いっしょう》の仕事《しごと》だと思《おも》っています」

しかし、このような大事業《だいじぎょう》を、保己一《ほきいち》ひとりで計画《けいかく》し、実行《じっこう》するには、いろいろな面《めん》で困難《こんなん》を伴《ともな》うのは、だれの目《め》にも明《あき》らかです。それを承知《しょうち》のうえで、あえて取《と》り組《く》もうというのです。

ほかの学者《がくしゃ》たちは、貴重《きちょう》な書物《しょもつ》をしっかり保存《ほぞん》し、後世《こうせい》に伝《つた》えることが大切《たいせつ》だとは思《おも》っていても、わざわざこの難事業《なんじぎょう》に手《て》を出《だ》そうとする人《ひと》は、だれひとりいませんでした。この気《き》の遠《とお》くなるような大《おお》きな構想《こうそう》は、個人《こじん》ではとても手《て》に負《お》えないと思《おも》われたにちがいありません。

当時《とうじ》の出版事情《しゅっぱんじじょう》を考《かんが》えると、今《いま》では信《しん》じられないほど多額《たがく》の費《ひ》用《よう》と労力《ろうりょく》が必要《ひつよう》だったことがわかります。盲目《もうもく》の学者《がくしゃ》が個人《こじん》で、この大文化的事業《だいぶんかてきじぎょう》、それも国家的規模《こっかてききぼ》の企画《きかく》といってもよいこの事業《じぎょう》に取《と》り組《く》むなど、とても想像《そうぞう》できないことでした。しかし、保己一《ほきいち》は自《みずか》らを奮《ふる》い立《た》たせて、自分《じぶん》で計画《けいかく》し、自分《じぶん》の手《て》で実行《じっこう》に移《うつ》し、ついにこれを完成《かんせい》させたのです。

ただ「努力《どりょく》する」ことだけで、このような困難《こんなん》な事業《じぎょう》をやりとげることはできません。それには大胆《だいたん》な企画《きかく》と、用意周到《よういしゅうとう》な準《じゅん》備《び》、それに実行力《じっこうりょく》が伴《ともな》わなければなりません。それでは、この保《ほ》己一《きいち》のねばり強《づよ》い精神《せいしん》を支《ささ》えたものは何《なん》だったのでしょうか。

それは、もって生《う》まれた才能《さいのう》はもちろんですが、誠実《せいじつ》さと守護神《しゅごしん》と決《き》めた菅原道真《すがわらのみちざね》への信頼《しんらい》、それに「般若心経《はんにゃしんぎょう》」への信仰《しんこう》でした。

心《こころ》を清《きよ》め、心《こころ》の迷《まよ》いを払《はら》うために、毎朝《まいあさ》四時《よじ》に起《お》きて、「心《しん》経《ぎょう》」を唱《とな》え、そして天満宮《てんまんぐう》にもお参《まい》りし、保己一《ほきいち》の一日《いちにち》ははじまりました。七十六歳《ななじゅうろくさい》で亡《な》くなるまで、これを一日《いちにち》も欠《か》かしませんでした。右《みぎ》にも左《ひだり》にもそれず、真理《しんり》を追究《ついきゅう》しつづけた学者《がくしゃ》・保《ほ》己一《きいち》の秘密《ひみつ》は、この生《い》き方《かた》にあったのでしょう。

保己一《ほきいち》は偉大《いだい》な事業《じぎょう》を成《な》し遂《と》げた人物《じんぶつ》ですが、常《つね》に経済的《けいざいてき》にも、労力《ろうりょく》においても大《おお》きな犠牲《ぎせい》が払《はら》われていたことを忘《わす》れてはなりません。保己一《ほきいち》の『群書類従《ぐんしょるいじゅう》』完成《かんせい》の目標《もくひょう》を実現《じつげん》するためには、さらに取《と》り組《く》まなければならない課題《かだい》が目《め》の前《まえ》に山積《さんせき》していたのです。

例《たと》えば、

① 日本《にほん》の歴史《れきし》や律令《りつりょう》を研究《けんきゅう》し、後継者《こうけいしゃ》を養成《ようせい》するための「和学講談所《わがくこうだんしょ》」の設立《せつりつ》

② 出版事業《しゅっぱんじぎょう》に伴《ともな》う一万七千枚《いちまんななせんまい》を越《こ》える版木《はんぎ》をしっかり保管《ほかん》する倉庫《そうこ》の建設《けんせつ》

③ この事業《じぎょう》に関《かか》わる学者《がくしゃ》や多《おお》くの門下生《もんかせい》などの管理《かんり》

④　事業《じぎょう》を遂行《すいこう》するための数千両《すうせんりょう》という資金《しきん》の確保《かくほ》と収支《しゅうし》の管理《かんり》

などなどです。これらのすべてを、保己一《ほきいち》が先頭《せんとう》に立《た》って切《き》り盛《も》りしたのです。このことからも保己一《ほきいち》が単《たん》なる学者《がくしゃ》ではなく、事《じ》業《ぎょう》家《か》であり、行政手腕《ぎょうせいしゅわん》をも大《おお》いに発揮《はっき》していたことは広《ひろ》く知《し》られています。

保己一《ほきいち》は強《つよ》い精神力《せいしんりょく》の持《も》ち主《ぬし》であっただけではなく、人間《にんげん》の弱《よわ》さをもよく知《し》っていた人《ひと》でした。自分《じぶん》が誘惑《ゆうわく》に負《ま》けて、その初心《しょしん》をいつか忘《わす》れ、自分《じぶん》の名誉《めいよ》や私利私欲《しりしよく》のために行動《こうどう》することがないように、生涯《しょうがい》にわたり自分《じぶん》を戒《いまし》めて過《す》ごしました。

いつの世《よ》にも、時《とき》の権力者《けんりょくしゃ》に気《き》に入《い》られるように機嫌《きげん》をとり、自説《じせつ》を曲《ま》げてまで世間《せけん》の人《ひと》たちの人気《にんき》を得《え》ようとする「曲学阿世《きょくがくあせい》の徒《と》」と批判《ひはん》を浴《あ》びる学者《がくしゃ》がいるものです。保己一《ほきいち》が想像《そうぞう》できないような困難《こんなん》な事業《じぎょう》をやりとげたのは、ただただ学問《がくもん》を愛《あい》し、貴《き》重《ちょう》な書物《しょもつ》をいつまでも残《のこ》しておきたいという一途《いちず》な思《おも》いからでした。保己一《ほきいち》の学問《がくもん》や生《い》き方《かた》を制約《せいやく》するものがあるとすれば、真理《しんり》と正義《せいぎ》のほかはありませんでした。

出版計画《しゅっぱんけいかく》から四十年後《よんじゅうねんご》に六百六十六冊分《ろっぴゃくろくじゅうろくさつぶん》の版木《はんぎ》が完成《かんせい》し、その二年後《にねんご》保己一《ほきいち》は亡《な》くなりました。しかし、このときすでに新《あら》たな計画《けいかく》として『続群書類従《ぞくぐんしょるいじゅう》』千冊《せんさつ》もの発行《はっこう》が計画《けいかく》されていました。疲《つか》れを見《み》せることもなく、この事業《じぎょう》にひたすら打《う》ち込《こ》んだ保己一《ほきいち》の姿《すがた》は、次《つぎ》の時代《じだい》を担《にな》う若《わか》い人《ひと》たちにとって、大《おお》きな励《はげ》ましとなりました。目《め》の見《み》えない保己一《ほきいち》が古《ふる》い書物《しょもつ》を集《あつ》めるだけではなく、それが本物《ほんもの》であるか、偽物《にせもの》であるかを自分自身《じぶんじしん》で見《み》きわめ、さら

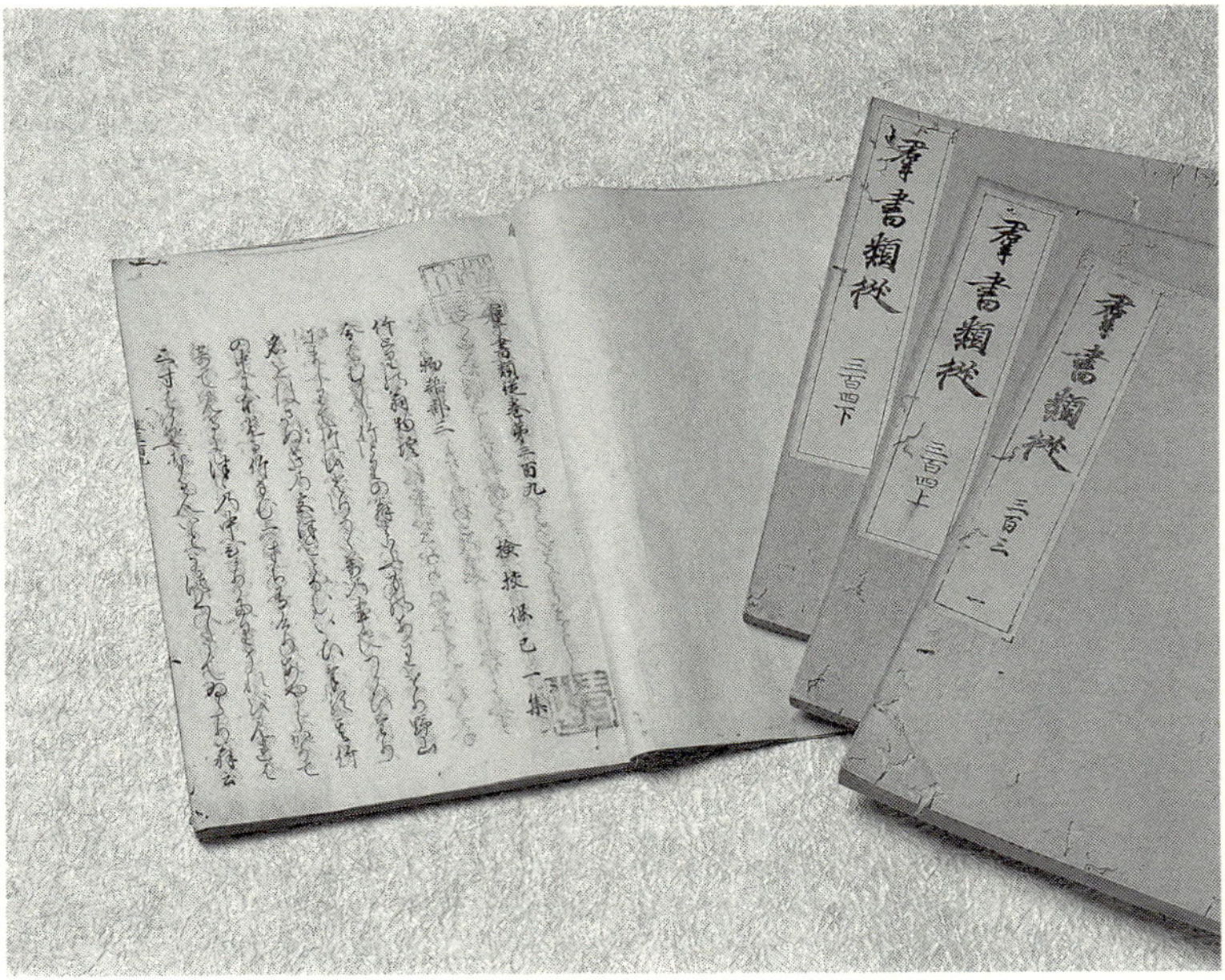

▲『群書類従《ぐんしょるいじゅう》』版本《はんぽん》。保己一《ほきいち》が安永《あんえい》8年《ねん》(1779)に刊行《かんこう》を決意《けつい》して以来《いらい》、文政《ぶんせい》2年《ねん》(1819)までの41年間《ねんかん》を費《つい》やし、貴重文献《きちょうぶんけん》1273点《てん》を収《おさ》めた空前《くうぜん》の大文献集《だいぶんけんしゅう》。写真《しゃしん》は『竹取《たけとり》翁《おきな》物語《ものがたり》』(物語部《ものがたりぶ》)の冒頭部分《ぼうとうぶぶん》

に間違《まちが》いを正《ただ》して出版《しゅっぱん》したのですから驚《おどろ》きというほかはありません。

『群書類従《ぐんしょるいじゅう》』に収《おさ》められた書物《しょもつ》の数《かず》だけでも千二百七十三種類《せんにひゃくななじゅうさんしゅるい》にもおよびます（ほかにも貴重《きちょう》な書物《しょもつ》を数多《かずおお》く出版《しゅっぱん》しています）。古代《こだい》から江戸時代《えどじだい》のはじめまでの一千年《いっせんねん》にわたる貴重《きちょう》な文書《ぶんしょ》や書物《しょもつ》がこの大文献集《だいぶんけんしゅう》に収《おさ》められ、今日《こんにち》まで伝《つた》えられています。それだけではありません。現在《げんざい》も二百年前《にひゃくねんまえ》と同《おな》じように、多《おお》くの人《ひと》たちに活用《かつよう》されている事実《じじつ》を知《し》って、あらためて塙保己一《はなわほきいち》という一人《ひとり》の人物《じんぶつ》にわたしたちは感謝《かんしゃ》しなければならないと思《おも》うのです。

田舎《いなか》で毎日鍬《まいにちくわ》を手《て》に田畑《たはた》に出《で》て汗《あせ》を流《なが》していた保己一《ほきいち》の父《ちち》は、農作業《のうさぎょう》の手《て》を休《やす》めては東《ひがし》の空《そら》を見上《みあ》げて、江戸《えど》にいる息子《むすこ》の無事《ぶじ》と成功《せいこう》を祈《いの》るのでした。『群書類従《ぐんしょるいじゅう》』の編集《へんしゅう》・発行《はっこう》のために、毎《まい》日多忙《にちたぼう》なときを過《す》ごしていたにもかかわらず、保己一《ほきいち》は学問《がくもん》とは直接関係《ちょくせつかんけい》のない盲人《もうじん》の最高位《さいこうい》である検校《けんぎょう》に昇進《しょうしん》したのです。三十八歳《さんじゅうはっさい》のときのことでした。

保己一《ほきいち》の江戸《えど》での活躍《かつやく》の様子《ようす》は、故郷《こきょう》の保木野村《ほきのむら》にも伝《つた》わってきたのです。父《ちち》は、自分《じぶん》の息子《むすこ》がこの若《わか》さで旗本武士《はたもとぶし》にも相当《そうとう》する高《たか》い地位《ちい》についたという知《し》らせに、夢《ゆめ》ではないかと思《おも》いました。多《おお》くの人《ひと》たちから寄《よ》せられた親切《しんせつ》があって、はじめて今《いま》の「塙《はなわ》保己一《ほきいち》」があることを考《かんが》えると、息子《むすこ》はなんと幸《しあわ》せ者《もの》かとしみじみと思《おも》うのでした。

＊　六国史《りっこくし》
日本《にほん》の歴史《れきし》に関《かん》する書物《しょもつ》には、天皇《てんのう》の命令《めいれい》で作《つく》った『日本書《にほんしょ》

紀《き》』など六種《ろくしゅ》の歴史書《れきししょ》があります。日本書紀《にほんしょき》、続日本紀《しょくにほんぎ》、日本後紀《こうき》、続日本後紀《しょくにほんこうき》、文徳天皇実録《もんとくてんのうじつろく》、三代実録《さんだいじつろく》を総称《そうしょう》して「六国《りっこく》史《し》」と呼《よ》ばれています。

＊　有職故実《ゆうそくこじつ》
朝廷《ちょうてい》や武家《ぶけ》の儀式《ぎしき》や官職《かんしょく》、法令《ほうれい》などに関《かん》する昔《むかし》からのきまりのこと。

＊　百両《ひゃくりょう》
当時《とうじ》のお金《かね》が、今日《こんにち》のどのくらいの貨幣価値《かへいかち》になるか、換算《かんさん》するのはむずかしいのですが、現在《げんざい》のお米《こめ》の値段《ねだん》に換算《かんさん》して、一両《いちりょう》を八万円《はちまんえん》から十万円《じゅうまんえん》ぐらいと考《かんが》えて大《おお》きなちがいはなさそうです。八百万円《はっぴゃくまんえん》から一千万円《いっせんまんえん》ほどになります。

＊　般若心経《はんにゃしんぎょう》（心経《しんぎょう》）

お釈迦様《しゃかさま》の教《おし》えを、全文《ぜんぶん》たったの二百七十六文字《にひゃくななじゅうろくもじ》に集約《しゅうやく》した仏教《ぶっきょう》のエキスとも言《い》えるもっとも短《みじか》い経典《きょうてん》です。その教《おし》えは、人間《にんげん》の本当《ほんとう》の幸《しあわ》せとは何《なに》か、どのようにすれば真《しん》の幸《しあわ》せになれるか、人間《にんげん》はどのように生《い》きるべきかを説《と》いています。保己一《ほきいち》は、本当《ほんとう》の意味《いみ》でこの精神《せいしん》を身《み》につけ、真《しん》に幸《しあわ》せな人生《じんせい》を送《おく》った人《ひと》ということができるでしょう。

第四章《だいよんしょう》

名声《めいせい》をよそに

水戸《みと》の黄門様《こうもんさま》の『大日本史《だいにほんし》』

文字《もじ》が読《よ》めない保己一《ほきいち》の学問《がくもん》は、すべて耳《みみ》で聞《き》いて覚《おぼ》えていったものです。ほかの人《ひと》に読《よ》んでもらいながら理解《りかい》し、暗記《あんき》していったのですが、その知識《ちしき》の深《ふか》さはだれもが驚《おどろ》くほどでした。

天明五年《てんめいごねん》（一七八五）、保己一《ほきいち》が四十歳《よんじゅっさい》のときのことです。水戸《みと》の徳川家《とくがわけ》に招《まね》かれて『源平盛衰記《げんぺいせいすいき》』、ついで『大日本史《だいにほんし》』の校正《こうせい》に加《くわ》わることになりました。この権威《けんい》ある歴史書《れきししょ》の校正《こうせい》に加《くわ》わることによって、保己一《ほきいち》の名声《めいせい》は高《たか》まり、その学者《がくしゃ》としての地位《ちい》はゆるぎないものになりました。

これに先《さき》だって、この歴史書《れきししょ》の編集責任者《へんしゅうせきにんしゃ》であった水戸家《みとけ》の立《たち》原翠軒《はらすいけん》という学者《がくしゃ》は、保己一《ほきいち》の噂《うわさ》を耳《みみ》にして、どんな人物《じんぶつ》であるのか関心《かんしん》をもっていました。

ある日《ひ》、保己一《ほきいち》が、弟子《でし》の一人《ひとり》である屋代弘賢《やしろひろかた》の家《いえ》に立《た》ち寄《よ》ったときのことです。偶然《ぐうぜん》、立原《たちはら》がそこに来《き》ていました。ある文献《ぶんけん》についてあれやこれやと議論《ぎろん》に花《はな》が咲《さ》いているところでした。しかし、意見《いけん》が分《わ》かれ、結論《けつろん》は出《で》そうにもありません。そこで、二人《ふたり》は来合《きあ》わせた保己一《ほきいち》に意見《いけん》を求《もと》めたのです。

その文書《ぶんしょ》を読《よ》んでもらいながら、じっと耳《みみ》をすませて聞《き》き入《い》っていた保己一《ほきいち》は、聞《き》き終《お》わると、即座《そくざ》に結論《けつろん》を出《だ》したのです。

保己一《ほきいち》の説明《せつめい》は一《ひと》つひとつがすじみちが通《とお》っていて、だれをも納得《なっとく》させるものでした。立原《たちはら》はその学識《がくしき》が深《ふか》いことに感銘《かんめい》を受《う》けました。この盲人《もうじん》はただ者《もの》ではない……、噂《うわさ》どおりの大学者《だいがくしゃ》だと、舌《した》をまいたのです。そして、どうかして、自分《じぶん》たちが長年取《ながねんと》り組《く》んできた『大日本史《だいにほんし》』の校正《こうせい》に加《くわ》わってもらいたいと思《おも》うようになりました。

しかし、水戸《みと》の学者《がくしゃ》のなかには、保己一《ほきいち》が『大日本史《だいにほんし》』の校正《こうせい》に加《くわ》わることに強《つよ》く反対《はんたい》する者《もの》がいました。

「義公《ぎこう》が手《て》がけられたこの神聖《しんせい》な事業《じぎょう》において、保己一《ほきいち》のような縁《えん》もゆかりもない盲人《もうじん》が誤《あやま》りを正《ただ》すなどとは、水戸家《みとけ》の恥《はじ》ではないのか。しかも、どこの骨《ほね》ともわからぬ農民《のうみん》の出身《しゅっしん》……尊《とうと》い事業《じぎょう》を汚《けが》すものだ」

この「義公《ぎこう》」というのは、テレビドラマでおなじみの「水戸《みと》の黄門様《こうもんさま》」で知《し》られる徳川光圀《とくがわみつくに》のことです。

これらの強《つよ》い反対意見《はんたいいけん》をおしきって、立原《たちはら》は保己一《ほきいち》にこの事業《じぎょう》に参加《さんか》してもらうことにしたのです。

「もし塙検校《はなわけんぎょう》をこの事業《じぎょう》に加《くわ》えて、役《やく》に立《た》たないようなことがあったら、総裁《そうさい》のわたしがその責任《せきにん》をとろう……」

当時《とうじ》の武家《ぶけ》社会《しゃかい》で「責任《せきにん》をとる」ということは「命《いのち》をかけて」といった意味《いみ》ですから、どれほど保己一《ほきいち》という人物《じんぶつ》を信頼《しんらい》し、その学識《がくしき》を高《たか》く評価《ひょうか》していたかがうかがわれます。

そして、保己一《ほきいち》の実際《じっさい》の活躍《かつやく》は、立原《たちはら》が期待《きたい》した以上《いじょう》のものでした。これまでの原稿《げんこう》を読《よ》んでもらいながら、疑問《ぎもん》に思《おも》われるところや、間違《まちが》っている個所《かしょ》を的確《てきかく》に指摘《してき》し、すじみちをたてて、その理由《りゆう》を説明《せつめい》するのでした。これでは、これまで異議《いぎ》を唱《とな》えていた学者《がくしゃ》たちも、保己一《ほきいち》の実力《じつりょく》を認《みと》めざるをえません。

このことによって、学者《がくしゃ》としての名声《めいせい》は全国《ぜんこく》に知《し》れわたるようになりました。こうして、『群書類従《ぐんしょるいじゅう》』などの出版事業《しゅっぱんじぎょう》や「和学《わがく》講談所《こうだんしょ》」の経営《けいえい》にも、多《おお》くの協力者《きょうりょくしゃ》があらわれるなど、その後《ご》の保己一《ほきいち》の活動《かつどう》に大《おお》いに役立《やくだ》つことになったのです。

しかし、このように有名《ゆうめい》になっても、その生活《せいかつ》はあいかわらず質素《しっそ》なものでした。

あるとき、水戸《みと》の殿様《とのさま》が、たまたま京《きょう》にのぼらなければならなくなり、保己一《ほきいち》もいっしょに行《い》くことになりました。そして、保《ほ》己一《きいち》は殿様《とのさま》の前《まえ》に出《で》ることになったのですが、保己一《ほきいち》に会《あ》った殿《との》様《さま》はその服装《ふくそう》が「ふだんぎ」なのを見《み》て不思議《ふしぎ》に思《おも》いました。正《せい》装《そう》して目通《めどお》りするのが常識《じょうしき》であり、それが礼儀《れいぎ》だったからです。しかも、相手《あいて》が天下《てんか》の水戸《みと》の殿様《とのさま》だったのですから……。

当時《とうじ》、検校《けんぎょう》といえば直参《じきさん》の旗本《はたもと》と同様《どうよう》の身分《みぶん》と考《かんが》えられていました。盲人一座《もうじんいちざ》の規則《きそく》では、その身分《みぶん》によって服装《ふくそう》や持《も》ち物《もの》までこと細《こま》かに決《き》められていました。検校《けんぎょう》だけが紫色《むらさきいろ》の豪華《ごうか》な着物《きもの》を着《き》ることが許《ゆる》されていたのです。ですから、ほかの検校《けんぎょう》たちは好《この》んでこの目立《めだ》つ衣装《いしょう》で、お供《とも》を大勢《おおぜい》つれ、駕籠《かご》に乗《の》って鼻高々《はなたかだか》と街《まち》へとくりだす姿《すがた》がたびたび見《み》られ、世間《せけん》の噂《うわさ》にもなっていました。

殿様《とのさま》は、保己一《ほきいち》にたずねました。

「なぜ塙検校《はなわけんぎょう》は、そのような粗末《そまつ》な服装《ふくそう》をしているのか？」

すると、顔色《かおいろ》ひとつ変《か》えずに、答《こた》えました。

「着《き》るものといってもほかにありませんから……。でも、学問《がくもん》をするにはこれで十分《じゅうぶん》でございます」

殿様《とのさま》は腹《はら》を立《た》てるどころか、「話《はなし》には聞《き》いていたが、さすが保《ほ》己一《きいち》！」と、その人柄《ひとがら》に感心《かんしん》し、検校《けんぎょう》の正装《せいそう》である立派《りっぱ》な着物《きもの》を一揃《ひとそろ》え作《つく》ってくださったのです。

また、保己一《ほきいち》は立派《りっぱ》な着物《きもの》を着《き》ることにも、ぜいたくな食事《しょくじ》をすることにも興味《きょうみ》がありませんでした。いつもほかの人《ひと》の幸《しあわ》せや学問《がくもん》のことを考《かんが》え、自分《じぶん》が必要《ひつよう》とするものはほんのささやかなものにかぎられていたのです。

保己一《ほきいち》の関心《かんしん》といえば、書物《しょもつ》と学問《がくもん》のことばかりでした。ですから、つましい生活《せいかつ》のなかでも、よい本《ほん》が見《み》つかったといえば、どんな無理《むり》をしてでも、その本《ほん》を手《て》に入《い》れたのです。

保己一《ほきいち》のふだんの食事《しょくじ》は「一汁一菜《いちじゅういっさい》」というものでした。これはご飯《はん》と副食物《ふくしょくもつ》が味噌汁《みそしる》とおかず一品《いっぴん》という質素《しっそ》な食事《しょくじ》のことです。魚《さかな》さえぜいたくだといって、めったに口《くち》にすることはありませんでした。学者《がくしゃ》として有名《ゆうめい》になっても、旗本武士《はたもとぶし》と同《おな》じ身《み》分《ぶん》といわれる「検校《けんぎょう》」という高《たか》い地位《ちい》についても、この生活《せいかつ》は変《か》わりませんでした。

当時《とうじ》は、検校《けんぎょう》といえば、それだけで、町人《ちょうにん》だけではなく大名《だいみょう》や旗本《はたもと》からも、うらやまれるほど金《かね》をたくわえ、ぜいたくな生活《せいかつ》を思《おも》うままにしていたのです。

一方《いっぽう》、同《おな》じ検校《けんぎょう》でも、保己一《ほきいち》は貧《まず》しいだけではなく、常《つね》に数千両《すうせんりょう》という借金《しゃっきん》をかかえていました。それは、すべて学問研究《がくもんけんきゅう》と貴重《きちょう》な図書《としょ》の出版《しゅっぱん》のためでした。

例《たと》えば、大坂《おおさか》の豪商《ごうしょう》である鴻池《こうのいけ》に二千両《にせんりょう》、同《おな》じく千葉屋《ちばや》にも二千両《にせんりょう》といった途方《とほう》もない額《がく》の借金《しゃっきん》をしていたのです。保己一《ほきいち》が自分《じぶん》のために使《つか》ったお金《かね》など、ほとんどありませんでした。

『群書類従《ぐんしょるいじゅう》』の出版《しゅっぱん》や「和学講談所《わがくこうだんしょ》」の経営《けいえい》には多額《たがく》の経費《けいひ》が

必要《ひつよう》ですが、その責任《せきにん》は保己一《ほきいち》ひとりで負《お》わなければなりませんでした。しかし、苦労《くろう》が多《おお》いなかでも、自由《じゆう》に学問《がくもん》ができる環境《かんきょう》をありがたく思《おも》い、自然《しぜん》と節約《せつやく》をする習慣《しゅうかん》が身《み》についていたのでしょう。

このようにつましい生活《せいかつ》をしながらも、一座《いちざ》の師匠《ししょう》が勧《すす》めてくれた遺産《いさん》の相続《そうぞく》を辞退《じたい》し、仲間《なかま》の盲人《もうじん》たちにゆずったという話《はなし》があらためて思《おも》い出《だ》されます。

和学講談所《わがくこうだんしょ》を開《ひら》く

番町《ばんちょう》にめでたきものが二《ふた》つあり　佐野《さの》の桜《さくら》と塙検校《はなわけんぎょう》
番町《ばんちょう》で目《め》あきめくらに道《みち》を聞《き》き

江戸の番町《ばんちょう》は保己一《ほきいち》が住《す》み、和学講談所《わがくこうだんしょ》があったところで、現《げん》在《ざい》の大妻女子《おおつまじょし》大学《だいがく》のあるあたりです。その周囲《しゅうい》には旗本屋敷《はたもとやしき》がならんでいました。江戸中《えどじゅう》の人《ひと》たちが保己一《ほきいち》の人柄《ひとがら》を愛《あい》し、その深《ふか》い学識《がくしき》に目《め》を見張《みは》ったのです。特《とく》に、目《め》が見《み》えないのに、だれはばかることなく、なにごとにおいても、積極的《せっきょくてき》に行動《こうどう》している保己一《ほきいち》に人々《ひとびと》は拍手《はくしゅ》を送《おく》りました。こんな狂歌《きょうか》や川柳《せんりゅう》が江戸《えど》市民《しみん》の間《あいだ》にはやったことからも、保己一《ほきいち》がどんなに人々《ひとびと》から慕《した》われ、愛《あい》されていたかがわかります。

この狂歌《きょうか》のなかの「佐野《さの》」というのは保己一《ほきいち》のとなりの屋敷《やしき》に住《す》んでいた佐野善左衛門《さのぜんざえもん》という旗本《はたもと》のことです。この人物《じんぶつ》は、そのころ、老中《ろうじゅう》の田沼意次《たぬまおきつぐ》・意知親子《おきともおやこ》の悪政《あくせい》をやめさせた人物《じんぶつ》として、町《まち》の人々《ひとびと》の間《あいだ》で、いちやく命《いのち》の恩人《おんじん》として「時《とき》の人《ひと》」となっていました。

善左衛門《ぜんざえもん》は江戸城《えどじょう》内《ない》で息子《むすこ》の意知《おきとも》に斬《き》りつけ、殺害《さつがい》してしまったために、切腹《せっぷく》を命《めい》じられたのです。苦《くる》しい生活《せいかつ》を強《し》いられていた江戸《えど》の人《ひと》たちから、「世直《よなお》し大明神《だいみょうじん》」、「佐野大明神《さのだいみょうじん》」とあがめられ、墓前《ぼぜん》にはお線香《せんこう》の煙《けむり》が絶《た》えることはありませんでした。幕府《ばくふ》は暴動《ぼうどう》をおそれて、墓参《はかまい》りを禁止《きんし》したといわれています。

その屋敷《やしき》には、一本《いっぽん》のサクラの木《き》がありました。春《はる》になると、主人《しゅじん》の亡《な》きあとも美《うつく》しく咲《さ》き乱《みだ》れ、江戸《えど》の人々《ひとびと》の涙《なみだ》をさそうのでした。義理人情《ぎりにんじょう》の厚《あつ》い江戸《えど》の人々《ひとびと》は、そのご恩《おん》を思《おも》い出《だ》しては、こんな狂歌《きょうか》をだれかれとなく口《くち》にしたのです。保己一《ほきいち》が、この人物《じんぶつ》とならんで人々《ひとびと》の口《くち》にのぼったのですから、その人気《にんき》のほどがうかがわれます。

このころ干《かん》ばつや洪水《こうずい》による凶作《きょうさく》が続《つづ》き、人々《ひとびと》は苦《くる》しんでいました。幕府《ばくふ》も財政的《ざいせいてき》に厳《きび》しい時代《じだい》でしたが、一方《いっぽう》では学問《がくもん》が盛《さか》んになった時代《じだい》でもありました。それぞれの藩《はん》も幕府《ばくふ》にならって、多《おお》くの学者《がくしゃ》を招《まね》いて、学問《がくもん》を盛《さか》んにしようとつとめていたのです。

そのころの学問《がくもん》の中心《ちゅうしん》は儒学《じゅがく》で、日本《にほん》の歴史《れきし》についての研究《けんきゅう》は、どうかすると学問的根拠《がくもんてきこんきょ》のうすい独断的《どくだんてき》なものになりがちでした。

一方《いっぽう》、国学者《こくがくしゃ》たちは、古語《こご》や古典文学《こてんぶんがく》を研究《けんきゅう》するのに忙《いそが》しく、日本《にほん》の歴史《れきし》や律令《りつりょう》を研究《けんきゅう》する余裕《よゆう》は、ほとんどありませんでした。

こういった状況《じょうきょう》を心配《しんぱい》した保己一《ほきいち》は、『群書類従《ぐんしょるいじゅう》』の編集《へんしゅう》・出版《しゅっぱん》だけではなく、儒教《じゅきょう》や仏教《ぶっきょう》が外国《がいこく》から伝来《でんらい》する以前《いぜん》からの日本固有《にほんこゆう》の文化《ぶんか》や精神《せいしん》を研究《けんきゅう》し、これを後世《こうせい》にしっかりと伝《つた》えていくためには、専門《せんもん》の学校《がっこう》が必要《ひつよう》だと考《かんが》えました。これが国学《こくがく》といわれる学問《がくもん》です。そこで「和学講談所《わがくこうだんしょ》」という学校《がっこう》を創立《そうりつ》しようと決心《けっしん》したのです。研究《けんきゅう》と教育《きょういく》の役割《やくわり》を担《にな》う、今《いま》の「大学《だいがく》」といってもよい施設《しせつ》でした。

保己一《ほきいち》は寛政五年《かんせいごねん》（一七九三）、和学講談所《わがくこうだんしょ》の創設《そうせつ》と、そこで使用《しよう》される書物《しょもつ》を収納《しゅうのう》する文庫《ぶんこ》のために土地《とち》の借用《しゃくよう》を幕府《ばくふ》に願《ねが》い出《で》ました。この願《ねが》いは間《ま》もなく聞《き》き入《い》れられました。江戸城《えどじょう》にほどちかい裏六番町《うらろくばんちょう》に三百坪《さんびゃくつぼ》（千平方《せんへいほう》メートル）の土地《とち》を与《あた》えられ、この学問所《がくもんしょ》は始《はじ》まったのです。

この寛政年間《かんせいねんかん》（一七八九～一八〇〇）は、松平定信《まつだいらさだのぶ》が老中《ろうじゅう》の首席《しゅせき》となって、新《あたら》しい政治《せいじ》に取《と》り組《く》み、武道《ぶどう》と学問《がくもん》を奨励《しょうれい》したのです。定信《さだのぶ》は儒学《じゅがく》だけではなく、国学《こくがく》にも理解《りかい》があり、このとき保己一《ほきいち》が国学《こくがく》の研究《けんきゅう》を進《すす》めるための学校《がっこう》を創設《そうせつ》したいと願《ねが》い出《で》たことは、この時代《じだい》の要求《ようきゅう》にもかなっていました。

その後《ご》、幕府《ばくふ》の援助《えんじょ》もあり、保己一《ほきいち》は歴史研究《れきしけんきゅう》のための資料《しりょう》を集《あつ》めやすくなりました。そして、私学《しがく》であった和学講談所《わがくこうだんしょ》はのちに、幕府直轄《ばくふちょっかつ》の大学《だいがく》ともいえる昌平坂学問所《しょうへいざかがくもんじょ》の総裁《そうさい》であった林大学頭《はやしだいがくのかみ》の支配《しはい》のもとにおかれ、それからは幕府《ばくふ》の御用《ごよう》をもつとめることになりました。幕府《ばくふ》は国学《こくがく》を研究《けんきゅう》するための施設《しせつ》をもっていなかったので、幕府《ばくふ》との関係《かんけい》はいっそう強《つよ》まり、いわば「半官半民《はんかんはんみん》」の研究教育機関《けんきゅうきょういくきかん》でもあったのです。そして、林大学頭様《はやしだいがくのかみさま》にも、保己一《ほきいち》は国学《こくがく》の講義《こうぎ》をしたのです。

こんな有名《ゆうめい》な話《はなし》があります。

ある夏《なつ》の夜《よる》のことでした。いつものように保己一《ほきいち》が『源氏《げんじ》物語《ものがたり》』の講義《こうぎ》をしていると、突然風《とつぜんかぜ》が吹《ふ》いて、ローソクの明《あ》かりが消《き》えてしまいました。講義《こうぎ》を聞《き》いていた弟子《でし》たちは、真《ま》っ暗闇《くらやみ》のなかで大騒《おおさわ》ぎです。しばらくしてその騒《さわ》ぎがおさまると、保己一《ほきいち》は弟子《でし》たちに向《む》かって静《しず》かにこういいました。

「目《め》が見《み》えるということは、わたしのように見《み》えない者《もの》より、なにかと不便《ふべん》なものですな……。」

これを聞《き》いて、弟子《でし》たちはどっと笑《わら》いました。

驚《おどろ》いたことに、あのヘレン・ケラーは、このエピソードをよく知《し》っていて、とても感銘《かんめい》を受《う》けたと、講演会《こうえんかい》で話《はな》しています。いったいこの話《はなし》のどこに心《こころ》を動《うご》かされたのでしょうか。

弟子《でし》たちのなかには、学者《がくしゃ》の学説《がくせつ》を鵜呑《うの》みにし、あるいは書物《しょもつ》

◀『源氏物語《げんじものがたり》』講義《こうぎ》の図《ず》。講義中《こうぎちゅう》にローソクの明《あ》かりが消《き》えて、あわてる門人《もんじん》に保己一《ほきいち》は「さてさて、目《め》あきというのは、不自由《ふじゆう》なものだ」と言《い》ったという逸話《いつわ》を描《えが》いたもの。門人《もんじん》の中《なか》に、盲人《もうじん》と思《おも》われる人物《じんぶつ》が描《えが》かれている。
（真生清親画《しんしょうきよちかが》／温故学会所蔵《おんこがっかいしょぞう》）

の文字面《もじづら》だけを読《よ》んで、自分《じぶん》には学問《がくもん》がある、「ものが見《み》える」と思《おも》い込《こ》み、思《おも》い上《あ》がっている者《もの》がいたのです。ヘレン・ケラーはそんな人《ひと》のことを「耳《みみ》があっても聞《き》くことができない人《ひと》、目《め》があっても見《み》ることができない人《ひと》」といっています。

保己一《ほきいち》は、このことが日頃《ひごろ》から気《き》になっていたのでしょう。ものの本質《ほんしつ》を自分自身《じぶんじしん》でしっかり見《み》きわめること、謙虚《けんきょ》な態度《たいど》で学《がく》問《もん》に向《む》かうことの大切《たいせつ》さは、賀茂真淵先生《かものまぶちせんせい》のところへ入門《にゅうもん》したとき、最初《さいしょ》に教《おし》えられたことでした。このとき、保己一《ほきいち》は心《こころ》の目《め》で、表面的《ひょうめんてき》なものではなく、ものの本質《ほんしつ》を見抜《みぬ》くことの大切《たいせつ》さを伝《つた》えようとしたのでしょう。

このエピソードは、明治時代《めいじじだい》になって尋常小学校《じんじょうしょうがっこう》の教科書《きょうかしょ》に紹介《しょうかい》されていたので、一昔前《ひとむかしまえ》までは多《おお》くの日本人《にほんじん》にとってなじみ深《ぶか》い話《はなし》でした。

単《たん》なるユーモア以上《いじょう》の、保己一《ほきいち》の深《ふか》い思《おも》いが同《おな》じ重度《じゅうど》の身体《しんたい》障害《しょうがい》のあるヘレン・ケラーの心《こころ》に共鳴《きょうめい》したにちがいありません。

和学講談所《わがくこうだんしょ》は、ますます盛《さか》んになり、間《ま》もなくその建物《たてもの》も手狭《てぜま》になってしまいました。そこで、再《ふたた》び幕府《ばくふ》に願《ねが》い出《で》て、表六番町《おもてろくばんちょう》に八百四十坪《はっぴゃくよんじゅっつぼ》（二千七百七十二平方《にせんななひゃくななじゅうにへいほう》メートル）の土《と》地《ち》を借用《しゃくよう》し、新《あたら》しい建物《たてもの》を建《た》てて引《ひ》っ越《こ》しました。今《いま》や保己一《ほきいち》の仕事《しごと》は順調《じゅんちょう》に進《すす》んでいました。

和学講談所《わがくこうだんしょ》は、学問《がくもん》を研究《けんきゅう》するだけではなく、『群書類従《ぐんしょるいじゅう》』のほかにも、多《おお》くの貴重《きちょう》な書物《しょもつ》の校正《こうせい》、編集《へんしゅう》、発行《はっこう》をするようになりました。

さらに歴史《れきし》資料《しりょう》を収集《しゅうしゅう》する計画《けいかく》をたて、七年以内《しちねんいない》に完成《かんせい》させたいと考《かんが》え、再《ふたた》び幕府《ばくふ》に財政的《ざいせいてき》な援助《えんじょ》を求《もと》めました。願《ねが》いは聞《き》き入《い》れられたものの、金額《きんがく》はこの大事《だいじ》業《ぎょう》に取《と》り組《く》むにはあまりにも少《すく》ない三百三十六両《さんびゃくさんじゅうろくりょう》という金額《きんがく》でした。これは一年間《いちねんかん》に換算《かんさん》すると、たったの四十八両《よんじゅうはちりょう》にすぎません。

当時《とうじ》は、日本《にほん》の各地《かくち》で干《かん》ばつや洪水《こうずい》が起《お》きており、幕府《ばくふ》も財政《ざいせい》難《なん》で大変《たいへん》な時代《じだい》でした。そのことを考《かんが》えると、保己一《ほきいち》だからこそ、満足《まんぞく》できる金額《きんがく》ではないにしても援助《えんじょ》が与《あた》えられたのですから、感謝《かんしゃ》しなければなりません。このことからも、保己一《ほきいち》の働《はたら》きが、幕府《ばくふ》によってどんなに高《たか》く評価《ひょうか》されていたかがわかります。

しかし、水戸徳川家《みとくがわけ》が手《て》がけた、例《れい》の『大日本史《だいにほんし》』の編集事《へんしゅうじ》業《ぎょう》には、藩《はん》の収入《しゅうにゅう》の三分《さんぶん》の一《いち》をあてたということですから、保《ほ》己一《きいち》はどんなに厳《きび》しい条件《じょうけん》のもとでこの大事業《だいじぎょう》に取《と》り組《く》んだかが想像《そうぞう》されます。

保己一《ほきいち》は、盲人一座《もうじんいちざ》の種々《しゅじゅ》の課題《かだい》の処理《しょり》や和学講談所《わがくこうだんしょ》の経営《けいえい》、それに出版事業《しゅっぱんじぎょう》に加《くわ》え、七十歳《ななじゅっさい》を過《す》ぎても歴史資料《れきししりょう》を求《もと》めて、しばしば京都《きょうと》まで旅《たび》をしました。交通手段《こうつうしゅだん》といえば徒歩《とほ》か駕籠《かご》きりない時代《じだい》です。その精力的《せいりょくてき》な活動《かつどう》は一生《いっしょう》の間《あいだ》つづいたのです。

収集《しゅうしゅう》した文献《ぶんけん》をていねいに調《しら》べ、正《ただ》しいものと、間違《まちが》っているもの、大切《たいせつ》なものと、そうでないものとをはっきりと見抜《みぬ》くのです。ですから、日本《にほん》の古典《こてん》や歴史《れきし》のことについて、疑問点《ぎもんてん》が出《で》てくると、学者《がくしゃ》たちはだれかれとなく、自然《しぜん》と保己一《ほきいち》に意見《いけん》を求《もと》めるようになりました。

このように、保己一《ほきいち》の学問《がくもん》に取《と》り組《く》む姿勢《しせい》は公平《こうへい》で、厳格《げんかく》であったので、その業績《ぎょうせき》はだれからも信頼《しんらい》されるものでした。今日《こんにち》、書物《しょもつ》を書《か》いたりするうえで、また時代考証《じだいこうしょう》をするには、この学問《がくもん》成果《せいか》によらなければならないといわれるのも自然《しぜん》なことでしょう。

こう考《かんが》えると、保己一《ほきいち》が水戸家《みとけ》によって認《みと》められ、幕府《ばくふ》や林大学頭《はやしだいがくのかみ》から絶大《ぜつだい》な信用《しんよう》を得《え》たことも、決《けっ》して不思議《ふしぎ》なことではありません。

松平定信《まつだいらさだのぶ》は、保己一《ほきいち》のことを次《つぎ》のように書《か》きとめています。

保己一《ほきいち》は有名《ゆうめい》な盲人《もうじん》で、古典《こてん》に精通《せいつう》し、律令《りつりょう》や式目《しきもく》について講義《こうぎ》をしている。多《おお》くの全集《ぜんしゅう》を発行《はっこう》するだけではなく、水戸家《みとけ》の『大日本史《だいにほんし》』の校正《こうせい》にも加《くわ》わっている。寛政五年《かんせいごねん》（一七九三）ごろに、和学講談所《わがくこうだんしょ》をたてるための土地《とち》の借用《しゃくよう》が認《みと》められた。保己一《ほきいち》が、この文庫《ぶんこ》に名前《なまえ》をつけてほしいと、わたしにいってきたので、「温故堂《おんこどう》」と名《な》をつけてあげた。

論語《ろんご》の「温故知新《おんこちしん》」（過去《かこ》のことをよく研究《けんきゅう》して、そこからあらためて新《あたら》しい知識《ちしき》や意義《いぎ》を見《み》つけ出《だ》すことが大切《たいせつ》であるという意味《いみ》）からとったもので、保己一《ほきいち》の学問《がくもん》の姿勢《しせい》を考えると、これ以上《いじょう》ふさわしい名称《めいしょう》はないでしょう。保己一《ほきいち》も気《き》に入《い》ったとみえて、自分《じぶん》のことを好《この》んで「温故堂《おんこどう》」と名乗《なの》ることもありました。

学問《がくもん》のある大名《だいみょう》として知《し》られた老中《ろうじゅう》の松平定信《まつだいらさだのぶ》が、この「温故《おんこ》堂《どう》」の名《な》づけ親《おや》です。保己一《ほきいち》の住居《じゅうきょ》の入口《いりぐち》に掲《かか》げられた「温古《おんこ》堂《どう》」という額《がく》の文字《もじ》は水戸《みと》の殿様《とのさま》（徳川治保《とくがわはるもり》）が書《か》き、保己一《ほきいち》の弟子《でし》で高名《こうめい》な学者《がくしゃ》でもあった屋代弘賢《やしろひろかた》が彫《ほ》ったものです。この額《がく》は、今《いま》も、温故学会《おんこがっかい》に掲《かか》げられ、大切《たいせつ》に保存《ほぞん》されています。

＊『大日本史《だいにほんし》』

水戸《みと》徳川家《とくがわけ》二《に》代目《だいめ》の藩主《はんしゅ》徳川光圀《とくがわみつくに》のもとで始《はじ》まった日本史《にほんし》の編集事業《へんしゅうじぎょう》です。二百五十年近《にひゃくごじゅうねんちか》くの年月《ねんげつ》をかけて完成《かんせい》しましたが、尊王論《そんのうろん》（天皇《てんのう》の絶対的権威《ぜったいてきけんい》を認《みと》めて、これを尊敬《そんけい》すべきであるという主張《しゅちょう》）に大《おお》きな影響《えいきょう》を与《あた》えました。

＊「めくら」という言葉《ことば》について

本文《ほんぶん》では「番町《ばんちょう》で目《め》あきめくらに道《みち》を聞《き》き」という句《く》を紹介《しょうかい》しました。この「めくら」という言葉《ことば》は、「目《め》の見《み》えない人《ひと》」という意味《いみ》で使《つか》われていますが、現代《げんだい》では不快語《ふかいご》として、使用《しよう》を避《さ》けるべき言葉《ことば》です。しかし、この句《く》においては、「目《め》あき（晴眼《せいがん》者《しゃ》）」と対照的《たいしょうてき》に用《もち》いられていて、差別的《さべつてき》な意味《いみ》はなく、人々《ひとびと》に愛《あい》された盲偉人《もういじん》・塙保己一《はなわほきいち》を紹介《しょうかい》するために、明治以来《めいじいらい》、小学《しょうがっ》校《こう》の教科書《きょうかしょ》にも載《の》っていました。そのためあえてそのまま引用《いんよう》してあります。

▲寛政《かんせい》5年《ねん》(1793)、保己一《ほきいち》によって設立《せつりつ》された和学講談所《わがくこうだんしょ》の校《こう》名《めい》を「温故堂《おんこどう》」と名付《なづ》けたのは、将軍補佐役《しょうぐんほさやく》の松平定信《まつだいらさだのぶ》であった。この扁額《へんがく》は、和学講談所《わがくこうだんしょ》に掲《かか》げられていたもので水戸文《みとぶん》公《こう》(治保《はるもり》)が筆《ふで》を執《と》り、国学者《こくがくしゃ》・屋代弘賢《やしろひろかた》が彫刻《ちょうこく》したものである(温故学会所蔵《おんこがっかいしょぞう》)

◀大学者《だいがくしゃ》塙保己一《はなわほきいち》が愛《あい》用《よう》したもので寺子屋《てらこや》の寺子《てらこ》が用《もち》いたのと同《おな》じ天神机《てんじんづくえ》という質素《しっそ》な机《つくえ》(温故学会所蔵《おんこがっかいしょぞう》)

第五章《だいごしょう》

大河《たいが》の流《なが》れとなって

その生涯《しょうがい》を振《ふ》り返《かえ》って

ここで保己一《ほきいち》の一生《いっしょう》を簡単《かんたん》に振《ふ》り返《かえ》ってみましょう。

今《いま》から二百五十年《にひゃくごじゅうねん》ほど昔《むかし》になりますが、一人《ひとり》の目《め》の不自由《ふじゆう》な少年《しょうねん》が絹商人《きぬあきんど》にみちびかれ、まったく身寄《みよ》りもない江戸《えど》へ出《で》たのです。どんなに不安《ふあん》だったことでしょう。中山道《なかせんどう》を杖《つえ》を頼《たよ》りに、慣《な》れない旅《たび》を続《つづ》けました。

この盲目《もうもく》の少年《しょうねん》が、のちに、日本《にほん》の歴史《れきし》のうえで、どんな学者《がくしゃ》も手《て》をつけられなかった大文化的事業《だいぶんかてきじぎょう》に取《と》り組《く》み、これを立派《りっぱ》にやりとげるとは、一体《いったい》だれが想像《そうぞう》したでしょうか。長《なが》い伝統《でんとう》に裏打《うらう》ちされた日本《にほん》の文化《ぶんか》、日本人《にほんじん》の精神《せいしん》を永久《えいきゅう》に後世《こうせい》に伝《つた》えたいという大《おお》きな目標《もくひょう》をいだいていたのです。

水戸《みと》の徳川家《とくがわけ》に招《まね》かれ、『大日本史《だいにほんし》』の校正《こうせい》に加《くわ》わり、国学《こくがく》者《しゃ》としての実力《じつりょく》が認《みと》められました。それまでになかった『群書《ぐんしょ》類従《るいじゅう》』という大文献集《だいぶんけんしゅう》を完成《かんせい》し、その業績《ぎょうせき》によって、将軍様《しょうぐんさま》へのお目見《めみ》えもかないました。少年《しょうねん》の大《おお》きな夢《ゆめ》は実現《じつげん》したのです。その文化的事業《ぶんかてきじぎょう》は、何世代《なんせだい》にもわたって、いや永遠《えいえん》に伝《つた》えられることになりました。

『群書類従《ぐんしょるいじゅう》』は六百六十六冊《ろっぴゃくろくじゅうろくさつ》、収録《しゅうろく》された文献《ぶんけん》の数《かず》は合計《ごうけい》千二百七十三種《せんにひゃくななじゅうさんしゅ》で、貴重《きちょう》な文献《ぶんけん》で未刊《みかん》のものを探《さが》し求《もと》めて、厳《げん》密《みつ》に間違《まちが》いを正《ただ》して出版《しゅっぱん》したものですから、学問的《がくもんてき》にもきわめて価値《かち》の高《たか》いものです。

しかし、保己一《ほきいち》の学問《がくもん》は、ほかの学者《がくしゃ》のように特殊《とくしゅ》な研究《けんきゅう》をしたり、新《あたら》しい学説《がくせつ》を唱《とな》えたりといった派手《はで》な学問《がくもん》の成果《せいか》を発表《はっぴょう》して、スポットライトを浴《あ》びたわけではありません。あくまで学問《がくもん》をする人《ひと》たちに貴重《きちょう》な資料《しりょう》を提供《ていきょう》することに徹《てっ》したもので、いわば芝居《しばい》の黒子《くろこ》のような存在《そんざい》でした。わが国《くに》の文化史上《ぶんかしじょう》なにものにも代《か》えがたい業績《ぎょうせき》ですが、そこには見《み》た目《め》の華々《はなばな》しさはありません。

今日《こんにち》、わたしたちが苦労《くろう》せずに、古《ふる》くから日本《にほん》に伝《つた》えられた貴《き》重《ちょう》な資料《しりょう》を、必要《ひつよう》なとき、いつでも、だれもが手《て》にすることができるのは、ひとえに保己一《ほきいち》の苦心《くしん》に負《お》うところが多《おお》いのです。しかも、あらゆる分野《ぶんや》にわたってです。この事実《じじつ》をわたしたちは忘《わす》れてはならないと思《おも》います。

小説《しょうせつ》『五重塔《ごじゅうのとう》』で有名《ゆうめい》な明治《めいじ》の文豪《ぶんごう》幸田露伴《こうだろはん》は、保己一《ほきいち》の文《ぶん》化史上《かしじょう》の業績《ぎょうせき》を評価《ひょうか》して、こういっています。

これまでの日本《にほん》では、古《ふる》いものを尊《とうと》び、これを誤《あやま》りなく次《つぎ》の世代《せだい》に伝《つた》えるためという大義《たいぎ》名分《めいぶん》のもとに、「秘伝《ひでん》」と称《しょう》して、ごく限《かぎ》られた特定《とくてい》の人《ひと》たちに、しかも特定《とくてい》の方法《ほうほう》で、密《ひそ》かに伝《つた》えるという悪《わる》い慣習《かんしゅう》があった。

しかし、保己一《ほきいち》の『群書類従《ぐんしょるいじゅう》』やそのほかの貴重《きちょう》な書物《しょもつ》が出版《しゅっぱん》されることによって、わが国《くに》の古《ふる》くからの文化《ぶんか》が広《ひろ》く開放《かいほう》され、すべての人《ひと》がその恩恵《おんけい》を受《う》けている。学問《がくもん》をしようとするだれもが、それまで手《て》の届《とど》かなかった文献《ぶんけん》をじかに手《て》に取《と》ることを可能《かのう》にし、学問《がくもん》の普及《ふきゅう》に大《おお》いに貢献《こうけん》しているのである。これが保己一《ほきいち》の最大《さいだい》の功績《こうせき》であろう。

保己一《ほきいち》が四十六歳《よんじゅうろくさい》のとき、前《まえ》にもお話《はな》ししたように腐敗《ふはい》していた盲人社会《もうじんしゃかい》を立《た》て直《なお》すために、幕府《ばくふ》によって新《あたら》しく座中取締役《ざちゅうとりしまりやく》という特別《とくべつ》の役《やく》がもうけられました。保己一《ほきいち》は検校《けんぎょう》たちのなかでもまだ下位《かい》にいたにもかかわらず、もう一人《ひとり》の琴《こと》の名手《めいしゅ》といわれた藤植《ふじうえ》という検校《けんぎょう》とともに、盲人社会《もうじんしゃかい》の改革《かいかく》に責任《せきにん》を負《お》うという大役《たいやく》を命《めい》じられたのです。正義感《せいぎかん》と潔癖《けっぺき》さ、それに実行力《じっこうりょく》が買《か》われて、幕府《ばくふ》によって特別《とくべつ》なお役目《やくめ》に取《と》り立《た》てられたのでした。

ところが、あいにく『群書類従《ぐんしょるいじゅう》』の編集《へんしゅう》に取《と》りかかったばかりで、目《め》の回《まわ》るほど忙《いそが》しいときでした。しかし、そんな困難《こんなん》な状況《じょうきょう》でも、この重《おも》い責任《せきにん》を果《は》たし、保己一《ほきいち》の信用《しんよう》はさらにあがったのです。五十八歳《ごじゅうはっさい》で、一座《いちざ》総録職《そうろくしょく》という重要《じゅうよう》な職《しょく》につきました。これは関東一円《かんとういちえん》の盲人《もうじん》を支配《しはい》する重要《じゅうよう》な役目《やくめ》で、本所一ツ目《ほんじょひとつめ》の総録《そうろく》屋敷《やしき》に住居《じゅうきょ》を移《うつ》して、学問《がくもん》とあわせて、盲人社会《もうじんしゃかい》のためにつくしました。

六十歳《ろくじゅっさい》のとき、盲人一座《もうじんいちざ》の十老《じゅうろう》の一人《ひとり》となりました。全国《ぜんこく》の検校《けんぎょう》たちのうちから、最上位《さいじょうい》の十人《じゅうにん》の一人《ひとり》に選《えら》ばれたのです。社会的《しゃかいてき》な評価《ひょうか》もいっそう確実《かくじつ》なものになりました。

七十歳《ななじゅっさい》になると、長《なが》い間《あいだ》、学問《がくもん》や文化《ぶんか》の面《めん》で幕府《ばくふ》の御用《ごよう》をつとめてきた功績《こうせき》が認《みと》められ、将軍徳川家斉《しょうぐんとくがわいえなり》に直接《ちょくせつ》お会《あ》いすることが許《ゆる》されました。これまでも、最高位《さいこうい》の総検校《そうけんぎょう》になるとお目見《めみ》えが許《ゆる》される慣例《かんれい》になっていましたが、保己一《ほきいち》の場合《ばあい》はそれとはちがい、六年《ろくねん》も早《はや》く将軍様《しょうぐんさま》にお目通《めどお》りがかなったのです。

「今《いま》までの盲人一座《もうじんいちざ》の慣例《かんれい》によるのではなく、長年《ながねん》、学者《がくしゃ》として幕府《ばくふ》の御用《ごよう》をつとめてきたことをお認《みと》めいただき、お目通《めどお》りをお許《ゆる》しいただきたい」

という保己一《ほきいち》のたっての願《ねが》いが聞《き》き届《とど》けられたのです。このことは、学問《がくもん》をこころざす多《おお》くの人《ひと》たちの励《はげ》みともなりました。

当時《とうじ》の将軍《しょうぐん》の権威《けんい》と影響力《えいきょうりょく》がどれほど大《おお》きなものであったかは、現在《げんざい》ではとても想像《そうぞう》できないかもしれません。身分制度《みぶんせいど》の厳《きび》しい封建時代《ほうけんじだい》に、農民《のうみん》の出《で》である保己一《ほきいち》が雲《くも》の上《うえ》の存在《そんざい》である将軍様《しょうぐんさま》に直接《ちょくせつ》お目通《めどお》りがかなうような高《たか》い身分《みぶん》にまで出世《しゅっせ》したのです。このことからも、学問上《がくもんじょう》の業績《ぎょうせき》がどんなに大《おお》きなもので、幕府《ばくふ》の信頼《しんらい》が厚《あつ》かったかがわかります。

七十三歳《ななじゅうさんさい》のとき、一座《いちざ》の二老《にろう》に進《すす》みました。全国《ぜんこく》の検校《けんぎょう》のなかでも二番目《にばんめ》に高《たか》い地位《ちい》です。一座《いちざ》の決《き》まりでは、二老《にろう》になると、

▲塙保己一《はなわほきいち》総検校正装画像《そうけんぎょうせいそうがぞう》(住吉内記《すみよしないき》藤原広定《ふじわらひろさだ》画《が》/温故学会所蔵《おんこがっかいしょぞう》)

京都《きょうと》に住《す》んで責任《せきにん》を果《は》たさなければならないことになっていました。しかし、保己一《ほきいち》は、和学講談所《わがくこうだんしょ》や本《ほん》の出版《しゅっぱん》、それに学問研究《がくもんけんきゅう》のことが山積《さんせき》していて、ほかの検校《けんぎょう》たちとはちがい、とても江戸《えど》を離《はな》れられる状態《じょうたい》ではありません。そこで、将軍様《しょうぐんさま》の特別《とくべつ》のはからいで、江戸《えど》にとどまって、そのお役目《やくめ》を果《は》たすことが許《ゆる》されたのです。

七十六歳《ななじゅうろくさい》を迎《むか》えて、とうとう「検校《けんぎょう》のなかの検校《けんぎょう》」ともいわれる盲人社会《もうじんしゃかい》の頂点《ちょうてん》・総検校《そうけんぎょう》の地位《ちい》につきました。

保己一《ほきいち》は、学者《がくしゃ》として活躍《かつやく》し、日本《にほん》の文化史上《ぶんかしじょう》に輝《かがや》く足跡《そくせき》を残《のこ》しました。一方《いっぽう》では、一生《いっしょう》の間《あいだ》、自分《じぶん》と同《おな》じ盲目《もうもく》という身体障害《しんたいしょうがい》を負《お》った仲間《なかま》たちとともに人生《じんせい》を歩《あゆ》んだのです。

また、一座《いちざ》の師匠《ししょう》である雨富検校《あめとみけんぎょう》のご恩《おん》、それに盲人仲間《もうじんなかま》から受《う》けた励《はげ》ましによって、現在《げんざい》の自分《じぶん》があるのだということを、生涯《しょうがい》、忘《わす》れることはありませんでした。

文政四年《ぶんせいよねん》（一八二一）八月二十一日《はちがつにじゅういちにち》、就任《しゅうにん》したばかりの総検校《そうけんぎょう》の地位《ちい》を、健康《けんこう》を理由《りゆう》に引退《いんたい》しました。それから一ケ月《いっかげつ》もたたない九月十二日《がつじゅうににち》に、七十六年《ななじゅうろくねん》の生涯《しょうがい》を終《お》えたのです。はじめて江戸《えど》に出《で》て、お世話《せわ》になった雨富検校《あめとみけんぎょう》の屋敷《やしき》に近《ちか》い新宿四谷《しんじゅくよつや》の安楽寺《あんらくじ》に埋葬《まいそう》されました。この寺《てら》は明治《めいじ》になって廃寺《はいじ》となり、すぐとなりの愛染院《あいぜんいん》という寺《てら》に改葬《かいそう》され、現在《げんざい》に至《いた》っています。

汗《あせ》の結晶《けっしょう》・あの版木《はんぎ》は今《いま》？

『群書類従《ぐんしょるいじゅう》』の版木《はんぎ》は、現在《げんざい》は東京渋谷《とうきょうしぶや》にある社団法人温故学会《しゃだんほうじんおんこがっかい》の会館《かいかん》の倉庫《そうこ》に保管《ほかん》されています。これらのぼうだいな数《かず》の版《はん》木《ぎ》は単《たん》なる過去《かこ》の歴史《れきし》的遺物《てきいぶつ》ではなく、現在《げんざい》でも生《い》きているのです。

二百年前《にひゃくねんまえ》と同《おな》じように、その版木《はんぎ》を用《もち》いて『群書類従《ぐんしょるいじゅう》』などの巻《かん》でも、いつでも刷《す》りたてて、学問《がくもん》をこころざす人《ひと》たちに提供《ていきょう》されています。保己一《ほきいち》が精魂込《せいこんこ》めて完成《かんせい》した版木《はんぎ》が大切《たいせつ》に保存《ほぞん》され、今《いま》なお多《おお》くの人《ひと》たちによって、活用《かつよう》されているとは、なんとすばらしいことでしょう！

しかし、この版木《はんぎ》は和学講談所《わがくこうだんしょ》が廃止《はいし》されてから長《なが》い間《あいだ》、その所在《しょざい》がわかりませんでした。そして、幸運《こううん》なことに和歌研究《わかけんきゅう》の権威《けんい》である井上通泰博士《いのうえみちやすはかせ》によって、偶然発見《ぐうぜんはっけん》されたのでした。

その事情《じじょう》は、つぎのようなものでした。

保己一《ほきいち》の孫《まご》の塙忠韶《はなわただつぐ》が、和学講談所《わがくこうだんしょ》が閉鎖《へいさ》されたのち、この版木《はんぎ》を内閣《ないかく》に寄贈《きぞう》しました。国《くに》がやとった人《ひと》たちの手《て》で運《はこ》び出《だ》されたのが、明治《めいじ》九年《くねん》（一八七六）のことでした。しかし、その後《ご》何年《なんねん》にもわたって、その所在《しょざい》はわからなくなっていました。井上《いのうえ》博士《はかせ》は版木《はんぎ》を探《さが》していたのですが、とうとう見《み》つからずにいたのです。

ある夏《なつ》の日《ひ》のこと、教科書《きょうかしょ》の編集会議《へんしゅうかいぎ》が文部省《もんぶしょう》で開《ひら》かれました。その委員《いいん》であった井上博士《いのうえはかせ》は人力車《じんりきしゃ》に乗《の》ってやってきました。暑《あつ》い夏《なつ》の日《ひ》のことでした。人力車《じんりきしゃ》の車夫《しゃふ》は、お客《きゃく》さんが用事《ようじ》を終《お》えるのを待《ま》って、近《ちか》くの古《ふる》い倉庫《そうこ》の陰《かげ》の芝生《しばふ》に腰《こし》をおろして休《やす》んでいました。

帰《かえ》りがけ、井上博士《いのうえはかせ》は玄関《げんかん》のところで図書館長《としょかんちょう》に会《あ》いました。そのとき、その人《ひと》は倉庫《そうこ》の陰《かげ》で休《やす》んでいた人力車夫《じんりきしゃふ》を見《み》ると、大《おお》声《ごえ》で叫《さけ》びました。

「ああっ、そこはあぶない！　その倉庫《そうこ》はいつ倒《たお》れるかもしれない！」

車夫《しゃふ》は大《おお》あわてで安全《あんぜん》なところに移《うつ》りました。

「あの倉《くら》には、いったい何《なに》が入《はい》っているのですか？」

「『群書類従《ぐんしょるいじゅう》』の版木《はんぎ》ですよ」

「なんですって！」

「文部省《もんぶしょう》でも、この版木《はんぎ》のぼうだいな枚数《まいすう》を、どう保管《ほかん》したらよいか困《こま》っているのですよ。何《なに》しろ貴重《きちょう》な文化財《ぶんかざい》ですから……」

井上博士《いのうえはかせ》は、何年《なんねん》もの間《あいだ》探《さが》していた版木《はんぎ》のありかが偶然見《ぐうぜんみ》つかり、小躍《こおど》りして喜《よろこ》びました。すぐに、井上博士《いのうえはかせ》は、同《おな》じ国学《こくがく》の仲間《なかま》である芳賀矢一博士《はがやいちはかせ》と連名《れんめい》で、この版木《はんぎ》の払《はら》い下《さ》げを文部省《もんぶしょう》

▲保己一《ほきいち》が、その生涯《しょうがい》をかけて取《と》り組《く》んだ『群書類従《ぐんしょるいじゅう》』666冊《さつ》の版木《はんぎ》。山桜《やまざくら》の板《いた》に彫《ほ》られた1万《まん》7244枚《まい》の版木《はんぎ》は国《くに》の重要文化財《じゅうようぶんかざい》に指定《してい》されている。保管《ほかん》している温故学会《おんこがっかい》では、今《いま》でも当時《とうじ》と同《おな》じように刷《す》り立《た》て、頒布《はんぷ》している

▲『群書類従《ぐんしょるいじゅう》』版木《はんぎ》(雑部《ざつぶ》「71番職人歌合《ばんしょくにんうたあわせ》」)
大《おお》きさ42.5×21.6cm、厚《あつ》さ2.2cm

に願い出たのです。

この版木《はんぎ》は、内閣《ないかく》に移《うつ》され、その後《ご》文部省《もんぶしょう》の信頼《しんらい》の厚《あつ》かった東京帝国大学《とうきょうていこくだいがく》に引《ひ》き継《つ》がれました。井上博士《いのうえはかせ》たちの願《ねが》いは聞《き》き届《とど》けられて、このすべての版木《はんぎ》は、保己一《ほきいち》が眠《ねむ》っている愛染院《あいぜんいん》の境内《けいだい》にある倉庫《そうこ》に移《うつ》されたのです。

昭和《しょうわ》二年《ねん》（一九二七）、現在《げんざい》の温故学会《おんこがっかい》に引《ひ》き渡《わた》されました。それに先《さき》だち、ひ孫《まご》の塙忠雄《はなわただお》は耐火《たいか》構造《こうぞう》の倉庫《そうこ》を建《た》てようと計画《けいかく》したのですが、その完成《かんせい》を見《み》ないで亡《な》くなってしまったのです。忠雄《ただお》の遺志《いし》を継《つ》いで、渋沢栄一《しぶさわえいいち》はじめ温故学会《おんこがっかい》の関係者《かんけいしゃ》は、この日本人《にほんじん》のこころ・国《くに》の宝《たから》ともいうべき版木《はんぎ》を安全《あんぜん》に保管《ほかん》するために、東京渋谷《とうきょうしぶや》に火事《かじ》や地震《じしん》にも耐《た》える構造《こうぞう》の建物《たてもの》を完成《かんせい》させました。これが現在《げんざい》の温故学会《おんこがっかい》の建物《たてもの》です。

『群書類従《ぐんしょるいじゅう》』の版木《はんぎ》の枚数《まいすう》は、一万七千二百四十四枚《いちまんななせんにひゃくよんじゅうよんまい》にのぼり、すべて山桜《やまざくら》の板《いた》の両面《りょうめん》に彫《ほ》られています。実《じつ》はこの版木《はんぎ》が文部省《もんぶしょう》の倉庫《そうこ》に保管《ほかん》されていたときに、一番下《いちばんした》に積《つ》まれていた五十数枚《ごじゅうすうまい》が損傷《そんしょう》を受《う》けてしまいました。そこで、温故学会《おんこがっかい》がその腐食《ふしょく》していた版木《はんぎ》すべてを彫《ほ》り直《なお》して完全《かんぜん》な形《かたち》にもどして保管《ほかん》したのです。

しかし、わずか五十枚《ごじゅうまい》ほどの版木《はんぎ》を彫《ほ》り直《なお》すだけでも驚《おどろ》くほど多額《たがく》の費用《ひよう》がかかりました。現在《げんざい》、あらためて一万七千枚以上《いちまんななせんまいいじょう》の版木《はんぎ》を彫《ほ》り直《なお》すとしたら、どのくらいの費用《ひよう》がかかるのか想像《そうぞう》もつきません。どんなに大《おお》きな事業《じぎょう》であったか、あらためて教《おし》えられます。

この事業《じぎょう》は幕府《ばくふ》の絶大《ぜつだい》な支援《しえん》と大坂《おおさか》の豪商《ごうしょう》、そのほか多《おお》くの人《ひと》たちの理解《りかい》と協力《きょうりょく》で完成《かんせい》したのです。その費用《ひよう》のための借用証文《しゃくようしょうもん》は、保己一《ほきいち》の生地《せいち》、埼玉県本庄市《さいたまけんほんじょうし》にある塙記念館《はなわきねんかん》に保管《ほかん》されています。

保己一《ほきいち》は、そのころ、日本《にほん》を代表《だいひょう》する国学者《こくがくしゃ》の一人《ひとり》として認《みと》められるようになっていました。しかし、保己一《ほきいち》は旗本武士《はたもとぶし》と等《ひと》しいといわれる盲人社会《もうじんしゃかい》の最高位《さいこうい》の検校《けんぎょう》になっても、一生《いっしょう》の間《あいだ》、数《すう》千両《せんりょう》という借金《しゃっきん》から解放《かいほう》されることはありませんでした。保己《ほき》一《いち》のやりとげた仕事《しごと》は、本来《ほんらい》は個人《こじん》で取《と》り組《く》むようなことではなく、幕府《ばくふ》の手《て》で行《おこな》われなければならないものでした。

経済的《けいざいてき》にも恵《めぐ》まれ、ぜいたくざんまいをしていた検校《けんぎょう》が多《おお》いなかで、保己一《ほきいち》は学問《がくもん》のため、次《つぎ》の世代《せだい》を担《にな》う人《ひと》たちのために命《いのち》を燃《も》やしつくし、多《おお》くの人《ひと》たちから惜《お》しまれながら、七十六歳《ななじゅうろくさい》の天寿《てんじゅ》をまっとうしたのです。

保己一《ほきいち》にとっては、この厳《きび》しい人生《じんせい》も決《けっ》して悔《く》いの残《のこ》るものではなく、感謝《かんしゃ》と喜《よろこ》びにあふれるものだったにちがいありません。

保己一《ほきいち》のエピソード

保己一《ほきいち》という人物《じんぶつ》の人《ひと》となりを知《し》る手助《てだす》けとなると思《おも》われる逸話《いつわ》をいくつか紹介《しょうかい》します。

（1）正義《せいぎ》と情《じょう》の人《ひと》

保己一《ほきいち》は、いつも自分《じぶん》のことより、先《ま》ずほかの人《ひと》のことを考《かんが》える人《ひと》でした。
金貸《かねか》し業《ぎょう》は、幕府《ばくふ》が盲人《もうじん》に認《みと》めていた特権《とっけん》の一《ひと》つで、どの盲人《もうじん》一座《いちざ》でも行《おこな》われていました。しかし、保己一《ほきいち》は自分《じぶん》のことばかり考《かんが》え、金儲《かねもう》けのためならどんなあくどいことでもするといった一《いち》部《ぶ》の仲間《なかま》たちに心《こころ》を痛《いた》めていました。盲人社会全体《もうじんしゃかいぜんたい》の評価《ひょうか》を下《さ》げていたからです。そして、自分《じぶん》の一座《いちざ》に、そういう者《もの》が出《で》てはいけないと、いつも気《き》にかけていたのです。

ある時《とき》、保己一《ほきいち》はこんな話《はなし》を耳《みみ》にしました。

盲目《もうもく》の弟子《でし》の一人《ひとり》が借金《しゃっきん》の取《と》り立《た》てに出《で》かけ、貸《か》した金《かね》をどうしてもその日《ひ》に返《かえ》してもらおうとしました。ところが子《こ》どもの治療代《ちりょうだい》などがかさみ、返済《へんさい》することができません。そこで、借《しゃっ》金《きん》のかたとして、病気《びょうき》で寝《ね》ている子《こ》どもの布団《ふとん》を無理《むり》やりはがして持《も》ち帰《かえ》ったというのです。

ふだんは温厚《おんこう》な保己一《ほきいち》も、さすがに怒《いか》りを隠《かく》しませんでした。

感情《かんじょう》をあらわにして、弟子《でし》に説教《せっきょう》している保己一《ほきいち》の姿《すがた》が目《め》に浮《う》かんできます。

そして、金《かね》のことばかり考《かんが》え、ほかの人《ひと》のことを考《かんが》えない弟子《でし》の非道《ひどう》を責《せ》め、破門《はもん》したのでした。柔和《にゅうわ》な保己一《ほきいち》といわれていますが、道理《どうり》に合《あ》わないことには、決《けっ》して妥協《だきょう》せず、むしろ厳《きび》しい人《ひと》でもありました。

(2) 潔癖《けっぺき》で、誠実《せいじつ》な人《ひと》

天明四年《てんめいよねん》(一七八四)、保己一《ほきいち》の第一《だいいち》の恩人《おんじん》といわなければならない盲人一座《もうじんいちざ》の師匠《ししょう》雨富検校《あめとみけんぎょう》が亡《な》くなりました。自分《じぶん》の死期《しき》が近《ちか》づいたことをさとった師匠《ししょう》は、保己一《ほきいち》を枕元《まくらもと》に呼《よ》んで、こういいました。

「今度《こんど》ばかりは、回復《かいふく》しそうにない。わしにはいくらかの貸《か》し金《きん》があるが、回収《かいしゅう》がむずかしいと思《おも》われるものは、証文《しょうもん》をすべて焼《や》きすてた。今《いま》ここにある貸《か》し付《つ》け証文《しょうもん》は、催促《さいそく》しなくても、先方《せんぽう》から持《も》ってきてくれるものばかりだ。これからは、保己一《ほきいち》はいくらでもお金《かね》が必要《ひつよう》になるだろう。わしには、財産《ざいさん》をゆずる息子《むすこ》も娘《むすめ》もいないので、おまえが心血《しんけつ》を注《そそ》いでいる学問《がくもん》のためにつかってほしい」

保己一《ほきいち》は、師匠《ししょう》の心配《こころくば》りに、心《こころ》から感謝《かんしゃ》しました。ところが……、この申《もう》し出《で》を断《ことわ》ったのです。

「わたしは、言葉《ことば》ではとても表《あらわ》せないような、みなさんの親切《しんせつ》のおかげで、今《いま》では世間《せけん》からも一応《いちおう》の学者《がくしゃ》として、また検校《けんぎょう》として認《みと》められるようになりました。これ以上《いじょう》、お師匠《ししょう》さまから財産《ざいさん》を分《わ》けていただくなど、虫《むし》がよすぎます。昔《むかし》、わたしがそうであったように、一生懸命努力《いっしょうけんめいどりょく》しても、まだ一座《いちざ》の何《なん》の職《しょく》にもついていない仲間《なかま》がいます。ぜひそういった人達《ひとたち》の間《あいだ》で分《わ》けていただきたいと思《おも》います」

こうして、保己一《ほきいち》の提案《ていあん》によって、師匠《ししょう》の遺産《いさん》は、ほかの弟子《でし》たちの間《あいだ》で分配《ぶんぱい》されたのでした。

（3）心《こころ》の目《め》で見《み》る人《ひと》

ある金持《かねも》ちの家《いえ》に招《まね》かれていったときのことです。部屋《へや》で座《すわ》っていると、目《め》の前《まえ》の廊下《ろうか》をだれかが通《とお》り過《す》ぎました。保己一《ほきいち》は、入《はい》ってきた主人《しゅじん》にたずねました。

「今《いま》、この前《まえ》を通《とお》った人《ひと》は、足《あし》が悪《わる》いようですね」

主人《しゅじん》は答《こた》えて、

「いいえ、あの者《もの》は長《なが》い間《あいだ》うちで働《はたら》いてもらっている使用人《しようにん》ですが、体《からだ》のどこにも悪《わる》いところはないと思《おも》いますよ」

しかし、保己一《ほきいち》はその言葉《ことば》に納得《なっとく》しませんでした。たとえ足《あし》が悪《わる》くなくても何《なに》かあるにちがいない、と言《い》い張《は》ったのです。

保己一《ほきいち》があまりにいうものですから、主人《しゅじん》が調《しら》べてみると、その使用人《しようにん》はスイカを袂《たもと》に入《い》れて、こっそり持《も》ち出《だ》そうとしていたのです。主人《しゅじん》は保己一《ほきいち》の勘《かん》がいいのには感心《かんしん》してしまいました。

「保己一《ほきいち》は不器用《ぶきよう》で勘《かん》がにぶい」とよくいわれますが、必《かなら》ずしもそうではなかったようです。むしろ「心《こころ》の目《め》」で、「心《こころ》の耳《みみ》」で真実《しんじつ》を見抜《みぬ》く力《ちから》は、学問《がくもん》でそうであったように、だれより鋭《するど》かったといえるかもしれません。

(4) 情報《じょうほう》を整理《せいり》して、記憶《きおく》した人《ひと》

保己一《ほきいち》は小《ちい》さいときから驚《おどろ》くような記憶力《きおくりょく》の持《も》ち主《ぬし》であったことは、これまでくりかえし話題《わだい》になりました。

何万冊《なんまんさつ》もある書物《しょもつ》のうち、必要《ひつよう》な本《ほん》を書庫《しょこ》から間違《まちが》いなく取《と》り出《だ》し、ある記事《きじ》は、なんという本《ほん》の、どの章《しょう》に載《の》っているかが、すぐにわかるのでした。

単《たん》に記憶力《きおくりょく》がよいというだけではなく、保己一《ほきいち》の知識《ちしき》はしっかり分類《ぶんるい》され、記憶《きおく》の引《ひ》き出《だ》しに整理《せいり》されてしまわれていたのでしょう。そして、必要《ひつよう》なときには、いつでも、その引《ひ》き出《だ》しから取《と》り出《だ》して利用《りよう》できたのです。

晩年《ばんねん》のことですが、三浦志摩守様《みうらしまのかみさま》の屋敷《やしき》で開《ひら》かれた歌会《うたかい》に指導《しどう》

者《しゃ》として招《まね》かれました。そして、そこでよまれた五十首《ごじゅっしゅ》の和歌《わか》の添削《てんさく》を頼《たの》まれたのです。家《いえ》に戻《もど》って、その歌《うた》を思《おも》い出《だ》そうとしたのですが、そのうちの三首《さんしゅ》だけは、どうしても思《おも》い出《だ》せないといって悩《なや》みました。そして、ふさぎ込《こ》んでこういいました。

「こんなにもの忘《わす》れが激《はげ》しくなったのでは、今年《ことし》はわたしも死《し》ぬかもしれない……」

（5）肩書《かたが》きにものおじしない人《ひと》

『大日本史《だいにほんし》』の校正《こうせい》を依頼《いらい》されていた保己一《ほきいち》は、水戸徳川家《みととくがわけ》の江戸屋敷《えどやしき》を訪《たず》ねた折《おり》、殿様《とのさま》にお目通《めどお》りする機会《きかい》がありました。衣服《いふく》のことは気《き》にかけず、ほかの学者《がくしゃ》や検校《けんぎょう》とは異《こと》なり、質素《しっそ》な普段着《ふだんぎ》でやってくる保己一《ほきいち》をみて、学問一筋《がくもんひとすじ》の姿《すがた》に感心《かんしん》していました。

あるとき、殿様《とのさま》はこういいました。

「保己一《ほきいち》の好物《こうぶつ》はなにかな。歴史書《れきししょ》の校正《こうせい》では、いつもご苦労《くろう》をかけているので、お礼《れい》にご馳走《ちそう》でもしたいのだが……。好《す》きなものを何《なん》でも遠慮《えんりょ》なくいってほしいのだが……」

大《おお》きな鯛《たい》の塩焼《しおやき》きなど、ふだんはなかなか口《くち》に入《はい》らないご馳走《ちそう》を食《た》べてみたいとでもいうのかと思《おも》ったのですが、保己一《ほきいち》の希望《きぼう》はこうでした。

「ふかしたサトイモを腹《はら》いっぱい食《た》べてみたい……。田舎《いなか》もののわたしには、これほどうまいものはありません。江戸《えど》に出《で》てからというもの、そんなぜいたくもできず、まだ食《た》べたことがないものですから……」

「『サトイモを腹《はら》いっぱい食《く》ってみたい』だと！」

殿様《とのさま》は心《こころ》のなかで、おもしろい人物《じんぶつ》だと思《おも》いました。

数日《すうじつ》たったある日《ひ》、保己一《ほきいち》は殿様《とのさま》に呼《よ》ばれました。

「約束《やくそく》の好物《こうぶつ》をご馳走《ちそう》しよう」

殿様《とのさま》は山盛《やまも》りのふかしたイモを保己一《ほきいち》の前《まえ》に運《はこ》ばせました。保《ほ》己一《きいち》がどんな反応《はんのう》をするか見守《みまも》っていたのですが、驚《おどろ》く様子《ようす》もなく、殿様《とのさま》の前《まえ》でおいしそうに食《た》べ始《はじ》めました。そして、とうとう残《のこ》らず平《たい》らげてしまったのです。この噂《うわさ》は、水戸藩《みとはん》の家来《けらい》たちだけではなく、いつか江戸《えど》の人《ひと》たちの間《あいだ》にも広《ひろ》がりました。

「塙検校《はなわけんぎょう》は、水戸《みと》のお殿様《とのざま》の前《まえ》で、イモをたらふく食《く》ったのだそうだ……」

身分制度《みぶんせいど》の厳《きび》しい江戸時代《えどじだい》のこと、徳川御三家《とくがわごさんけ》のひとつ、水戸《みと》の殿様《とのさま》の前《まえ》に、なんの気負《きお》いもなく平服《へいふく》のまま出《で》たり、はばかることもなくイモを平《たい》らげたという保己一《ほきいち》に、江戸《えど》の人《ひと》たちは拍手《はくしゅ》喝采《かっさい》したのでした。

（6）著名《ちょめい》な学者《がくしゃ》たちも一目《いちもく》おいた人《ひと》

頼山陽《らいさんよう》は江戸《えど》時代《じだい》後期《こうき》に人気《にんき》のあった詩人《しじん》で、学者《がくしゃ》でもありました。特《とく》にその著書《ちょしょ》『日本外史《にほんがいし》』は有名《ゆうめい》です。幕末《ばくまつ》から明治《めいじ》にかけて広《ひろ》く読《よ》まれ、天皇《てんのう》の権威《けんい》を強調《きょうちょう》する尊王論《そんのうろん》に力《ちから》を与《あた》えることになりました。そして、近代《きんだい》日本《にほん》の幕開《まくあ》けとなった明治《めいじ》維新《いしん》に大《おお》きな影響《えいきょう》を及《およ》ぼした書物《しょもつ》だといわれています。

山陽《さんよう》がこの本《ほん》を著《あらわ》す計画《けいかく》をしたとき、保己一《ほきいち》を訪《たず》ね、どんな本《ほん》を参考《さんこう》にしたらよいか教《おし》えてもらいました。ですから、この本《ほん》の中《なか》で参照《さんしょう》された主《おも》な資料《しりょう》は、保己一《ほきいち》が勧《すす》めたものだといわれています。

保己一《ほきいち》の門人《もんじん》は数千人《すうせんにん》もいたといわれています。その中《なか》には幕末《ばくまつ》の尊王論《そんのうろん》に大《おお》きな影響《えいきょう》を与《あた》えた平田篤胤《ひらたあつたね》などの著名《ちょめい》な国学者《こくがくしゃ》たちもいたのです。

（7）保己一《ほきいち》の後継者暗殺事件《こうけいしゃあんさつじけん》と後日談《ごじつだん》

保己一《ほきいち》のあとを継《つ》いだ息子《むすこ》の次郎《じろう》は和歌《わか》が得意《とくい》で、書道《しょどう》にもたけていました。父《ちち》の事業《じぎょう》を引《ひ》き継《つ》いで、和学講談所《わがくこうだんしょ》の運営《うんえい》にあたっていたのですが、ある晩《ばん》、帰宅途中《きたくとちゅう》に浪士《ろうし》たちの闇討《やみう》ちにあって、暗殺《あんさつ》されてしまいました。

そのころ、幕府《ばくふ》は衰退《すいたい》に向《む》かっており、天皇《てんのう》の復権《ふっけん》をねらって、チャンス到来《とうらい》とばかりに血気《けっき》にはやった浪士《ろうし》たちが暗躍《あんやく》していたのです。驚《おどろ》いたことに、この塙次郎《はなわじろう》を暗殺《あんさつ》した犯人《はんにん》は、明治維《めいじい》新《しん》に貢献《こうけん》し、のちに初代《しょだい》の総理大臣《そうりだいじん》にもなった伊藤博文《いとうひろぶみ》であることが判明《はんめい》しました。もう一人《ひとり》は明治政府《めいじせいふ》の要人《ようじん》として活躍《かつやく》した山《やま》尾庸三《おようぞう》という人物《じんぶつ》で、犯人《はんにん》はこの二人《ふたり》だったのです。

伊藤《いとう》は長州藩《ちょうしゅうはん》の武士《ぶし》で、尊王《そんのう》の運動《うんどう》の中心人物《ちゅうしんじんぶつ》の一人《ひとり》でした。次郎《じろう》が幕府《ばくふ》によって厚《あつ》く用《もち》いられていたので、次郎《じろう》も天皇《てんのう》を廃位《はいい》させようとしているのではないかと疑《うたが》っての軽《かる》はずみな行動《こうどう》でした。のちに、これは大《おお》きな誤解《ごかい》によるものだったことを知《し》り、大《おお》いに後悔《こうかい》したということです。

この暗殺事件《あんさつじけん》ののち、突然主《とつぜんあるじ》を失《うしな》った和学講談所《わがくこうだんしょ》の活動《かつどう》はいやがおうでも停滞《ていたい》し、とうとう明治維新《めいじいしん》とともに幕《まく》を閉《と》じることになったのです。この伊藤《いとう》は、その後《ご》わが国《くに》の初代《しょだい》の総理大臣《そうりだいじん》になりましたが、朝鮮《ちょうせん》の安重根《アンジュングン》に暗殺《あんさつ》されました。一方《いっぽう》、もう一人《ひとり》の犯人《はんにん》、山尾庸三《やまおようぞう》は、工学頭《こうがくのかみ》という政府《せいふ》の要職《ようしょく》についていましたが、生涯《しょうがい》、わが国《くに》の盲教育《もうきょういく》や聾教育《ろうきょういく》の発展《はってん》のために、あらゆる協力《きょうりょく》を惜《お》しみませんでした。なぜ山尾《やまお》は障害者《しょうがいしゃ》の教育《きょういく》にあれほど熱心《ねっしん》になるのだろうと、だれもが不思議《ふしぎ》に思《おも》ったのです。自《じ》分《ぶん》の犯《おか》した取《と》り返《かえ》しのつかない過《あやま》ちを、少《すこ》しでも償《つぐな》おうとしたにちがいありません。

おわりに

生《い》きる希望《きぼう》と勇気《ゆうき》・その名《な》は永遠《えいえん》に

生《い》きた時代《じだい》も異《こと》なり、日本《にほん》からは地球《ちきゅう》の裏側《うらがわ》とも言《い》えるアメリカの片田舎《かたいなか》に育《そだ》った少女時代《しょうじょじだい》に、ヘレン・ケラーはどうして東洋《とうよう》の島国《しまぐに》・日本《にほん》の盲目《もうもく》の学者《がくしゃ》のことを知《し》っていたのでしょうか。ましてや、その人物《じんぶつ》を人生《じんせい》の目標《もくひょう》としたというのですから……。

今《いま》から百二十年以上《ひゃくにじゅうねんいじょう》も前《まえ》のことで、日本《にほん》は明治《めいじ》十年代《じゅうねんだい》でした。ヘレンは母《はは》から塙保己一《はなわほきいち》のことをくりかえし話《はな》してもらったといっています。それでは、その母《はは》はだれから？　そんな疑問《ぎもん》がわいてきます。

「奇跡《きせき》の人《ひと》」で知《し》られるヘレン・ケラーの物語《ものがたり》は、偉人《いじん》の伝記《でんき》、舞台《ぶたい》や映画《えいが》などを通《とお》して、ご存《ぞん》じの人《ひと》が多《おお》いでしょう。本能《ほんのう》のままに生《い》きていた「どうぶつ」のような重度障害《じゅうどしょうがい》の少女《しょうじょ》が、家庭《かてい》教師《きょうし》のサリバン先生《せんせい》によって、尊《とうと》い一人《ひとり》の「人間《にんげん》」としてよみがえったという感動的《かんどうてき》なストーリーです。

しかし、ヘレンにはサリバン先生《せんせい》だけではなく、もうひとり、忘《わす》れられない先生《せんせい》がいました。その名前《なまえ》はアレクサンダー・グラハム・ベル。そうです！　あの電話《でんわ》を発明《はつめい》したことで有名《ゆうめい》なベル博士《はかせ》です。発明家《はつめいか》として知《し》られる博士《はかせ》は、実《じつ》は、聴覚障《ちょうかくしょう》害教育《がいきょういく》が専門《せんもん》の教育者《きょういくしゃ》であり、学者《がくしゃ》でした。発明《はつめい》は、むしろ障害児教育《しょうがいじきょういく》のかたわら取《と》り組《く》んでいたにすぎません。電話《でんわ》の発《はっ》明《めい》によって手《て》に入《い》れた巨額《きょがく》の富《とみ》もすべて障害児教育《しょうがいじきょういく》につぎ込《こ》んだといわれています。

ヘレンの両親《りょうしん》は、目《め》が見《み》えないだけではなく、耳《みみ》も聞《き》こえず、話《はな》すこともできない娘《むすめ》に、どうかしてひとなみの教育《きょういく》を受《う》けさせたいと考《かんが》えました。そして、最初《さいしょ》に相談《そうだん》に乗《の》ってもらったのが、このベル博士《はかせ》だったのです。

それ以来《いらい》、家族《かぞく》ぐるみのつきあいが始《はじ》まりました。そして、ヘレンにとって、一生《いっしょう》の間《あいだ》、ベル博士《はかせ》はかけがいのない先生《せんせい》であり、よき相談相手《そうだんあいて》、そしてもっとも親《した》しい友人《ゆうじん》の一人《ひとり》となったのです。それだけではなく、サリバン先生《せんせい》がヘレンの家庭教師《かていきょうし》になるきっかけをつくったのも、このベル博士《はかせ》でした。

ところで、明治《めいじ》八年《はちねん》（一八七五）、日本《にほん》の文部省《もんぶしょう》からアメリカに派遣《はけん》された留学生《りゅうがくせい》のなかに、伊沢修二《いざわしゅうじ》という人《ひと》がいました。のちに、文部省《もんぶしょう》で教科書編集《きょうかしょへんしゅう》の責任者《せきにんしゃ》となり、また東京盲唖学校《とうきょうもうあがっこう》の校長《こうちょう》をつとめた人物《じんぶつ》です。

アメリカではマサチュセッツ州《しゅう》ブリッジウォーター教育大学《きょういくだいがく》に入学《にゅうがく》して間《ま》もなく、ベル博士《はかせ》から聴覚障害教育《ちょうかくしょうがいきょういく》について教《おし》えを受《う》けました。この師弟関係《していかんけい》は一生《いっしょう》の間続《あいだつづ》いたのです。

この二人《ふたり》の関係《かんけい》はとても親密《しんみつ》なものでした。例《たと》えば、ベル博士《はかせ》が電話《でんわ》を発明《はつめい》し、最初《さいしょ》に通話《つうわ》の実験《じっけん》をしたときの相手《あいて》は、ほかでもないこの伊沢《いざわ》であったといわれています。また、伊沢《いざわ》を通《とお》して、博士《はかせ》は日本《にほん》という国《くに》に特別《とくべつ》な関心《かんしん》をもったのでしょう。

明治三十一年《めいじさんじゅういちねん》（一八九八）には観光《かんこう》をかねて、教《おし》え子《ご》で聴覚《ちょうかく》障害者《しょうがいしゃ》でもあった夫人《ふじん》を同伴《どうはん》して、はるばる日本《にほん》を訪問《ほうもん》しました。そして、日本各地《にほんかくち》で聴覚障害教育《ちょうかくしょうがいきょういく》について講演《こうえん》をしたのです。その時《とき》、通訳《つうやく》をつとめたのは、もちろん教《おし》え子《ご》の伊沢《いざわ》でした。

ベル博士《はかせ》は、父親《ちちおや》とともにアメリカに移民《いみん》してきたイギリス人《じん》でした。この親《した》しい師弟《してい》の間《あいだ》でどんな話題《わだい》に花《はな》が咲《さ》いたのでしょうか。故国《ここく》イギリスを代表《だいひょう》する大詩人《だいしじん》、ジョン・ミルトンのことを得意《とくい》げに伊沢《いざわ》に話《はな》している博士《はかせ》の姿《すがた》が目《め》に浮《う》かんできます。この詩人《しじん》は中途失明《ちゅうとしつめい》したあとも、逆境《ぎゃっきょう》のなかで詩作《しさく》を続《つづ》けました。そして、『失楽園《しつらくえん》』などの多《おお》くの名作《めいさく》が誕生《たんじょう》したのです。今《いま》でもミルトンの詩《し》は多《おお》くの人《ひと》たちに愛読《あいどく》され、イギリスだけではなく、世界中《せかいじゅう》の人々《ひとびと》から盲偉人《もういじん》の代表《だいひょう》として尊敬《そんけい》されています。

ミルトンの話《はなし》を聞《き》かされた伊沢《いざわ》は、日本《にほん》にも滝沢馬琴《たきざわばきん》という物語作家《ものがたりさっか》がいたことを、ベル博士《はかせ》に話《はな》したにちがいありません。馬琴《ばきん》は、晩年《ばんねん》には失明《しつめい》してしまったのですが、その後《ご》は息子《むすこ》の無《む》学《がく》な妻《つま》に文字《もじ》を教《おし》えながら口述筆記《こうじゅつひっき》をさせ、二十八年《にじゅうはちねん》もかけて『南総里見八犬伝《なんそうさとみはっけんでん》』などの大傑作《だいけっさく》を完成《かんせい》させたのです。

しかし、それだけではありません。日本《にほん》にはもっとスケールの大《おお》きな文化的事業《ぶんかてきじぎょう》を成《な》し遂《と》げた全盲《ぜんもう》の大学者《だいがくしゃ》がいたことを、誇《ほこ》らしげにベル博士《はかせ》に語《かた》っている伊沢《いざわ》の姿《すがた》が想像《そうぞう》されます。塙保己《はなわほき》一《いち》です。詩人《しじん》としてすでに有名《ゆうめい》になってから失明《しつめい》したミルトンとくらべ、幼《おさな》い保己一《ほきいち》は文字《もじ》をまったく習《なら》わないうちに全盲《ぜんもう》になるという不幸《ふこう》に襲《おそ》われてしまったのですから……。

目《め》の見《み》える学者《がくしゃ》たちでさえ手《て》のつけられなかった困難《こんなん》な事業《じぎょう》を、まったく文字《もじ》の読《よ》めない盲人《もうじん》が成《な》し遂《と》げたのです。障害児教育《しょうがいじきょういく》に一生《いっしょう》をささげたベル博士《はかせ》の関心《かんしん》をひかないはずはありません。伊《い》沢《ざわ》が語《かた》る日本《にほん》の盲目《もうもく》の学者《がくしゃ》の話《はなし》に興味《きょうみ》を持《も》ち、そして、日本《にほん》という東洋《とうよう》の島国《しまぐに》への思《おも》いがふくらんでいったのではないでしょうか。

ベル博士《はかせ》は、目《め》・耳《みみ》・口《くち》が不自由《ふじゆう》という重度《じゅうど》の障害者《しょうがいしゃ》である娘《むすめ》をもって、悲嘆《ひたん》にくれている母親《ははおや》に、この日本《にほん》の盲学者《もうがくしゃ》の話《はなし》をして励《はげ》ましたのでしょう。折《おり》にふれ、母親《ははおや》はベル博士《はかせ》から聞《き》いた保《ほ》己一《きいち》の話《はなし》をくりかえし娘《むすめ》に話《はな》して聞《き》かせたのです。

伊沢《いざわ》は留学《りゅうがく》から戻《もど》ると、文部省《もんぶしょう》で教科書《きょうかしょ》の編集責任者《へんしゅうせきにんしゃ》となりました。そして、尋常小学校《じんじょうしょうがっこう》の教科書《きょうかしょ》では、あらためて日本《にほん》の偉人《いじん》として塙保己一《はなわほきいち》をとりあげたのです。日本人《にほんじん》であればだれでも、この人物《じんぶつ》のことを知《し》る必要《ひつよう》があると考《かんが》えたのでしょう。

すでに触《ふ》れたことですが、その教科書《きょうかしょ》には、講義《こうぎ》の最中《さいちゅう》にローソクの明《あ》かりが消《き》えて大騒《おおさわ》ぎになったとき、保己一《ほきいち》が「目《め》あきとは不便《ふべん》なものだ」といったというあのエピソードが載《の》っていたのです。この「目《め》あき」とは、単《たん》に目《め》が見《み》えないということだけではなく、「自分《じぶん》には学問《がくもん》があり、ほかの人《ひと》たちとはちがって自分《じぶん》は道理《どうり》をわきまえている」と思《おも》い上《あ》がった人《ひと》たちを指《さ》しているのでしょう。ヘレンは、このローソクの明《あ》かりが消《き》えた時《とき》の話《はなし》に感《かん》銘《めい》を受《う》けた、と埼玉《さいたま》での講演会《こうえんかい》で話《はな》しています。保己一《ほきいち》の人生観《じんせいかん》、生《い》き方《かた》に共鳴《きょうめい》したのだと思《おも》います。教科書《きょうかしょ》の内容《ないよう》まで知《し》っていたとは驚《おどろ》きです。

日本《にほん》のこの盲目《もうもく》の大学者《だいがくしゃ》の話《はなし》を、母親《ははおや》からだけではなく、直《ちょく》接《せつ》ベル博士《はかせ》からも聞《き》かされていたことでしょう。こうして、ヘレンはくじけそうになった時《とき》も、塙保己一《はなわほきいち》という具体的《ぐたいてき》な目標《もくひょう》を胸《むね》に、学問《がくもん》に励《はげ》むことができました。

大学在学中《だいがくざいがくちゅう》も、卒業後《そつぎょうご》も、ヘレンの人生《じんせい》は実《じつ》に波乱《はらん》に富《と》んだものでした。その自伝《じでん》『わたしの生涯《しょうがい》』によると、いつくじけてしまっても不思議《ふしぎ》ではないほど過酷《かこく》なものだったことがわかります。しかし、自殺《じさつ》を考《かんが》えるほどの悩《なや》みを乗《の》り越《こ》えた保己一《ほきいち》のことを目標《もくひょう》に、決《けっ》して将来《しょうらい》への夢《ゆめ》と生《い》きる希望《きぼう》をすてませんでした。目《め》も見《み》えず、耳《みみ》も聞《き》こえず、話《はなし》をするのも不自由《ふじゆう》だったにもかかわらず、ヘレンの八十七年《はちじゅうななねん》の生涯《しょうがい》は喜《よろこ》びに満《み》ちたものでした。

明治時代《めいじじだい》も終《お》わり頃《ころ》になると、日本《にほん》の教育界《きょういくかい》でも、塙保己一《はなわほきいち》とヘレン・ケラーのことが話題《わだい》となり、「人間《にんげん》の成長《せいちょう》には、教育《きょういく》がいかに大切《たいせつ》であるか」が議論《ぎろん》されていました。

保己一《ほきいち》も、盲人一座《もうじんいちざ》の師匠《ししょう》である雨富検校《あめとみけんぎょう》に出会《であ》わず、学問《がくもん》をする機会《きかい》が与《あた》えられなかったら、単《たん》なる盲人社会《もうじんしゃかい》の「落《お》ちこぼれ」のレッテルを背負《せお》って、不平不満《ふへいふまん》の人生《じんせい》を送《おく》っていたかもしれません。しかし、この師匠《ししょう》は、どんなふがいない弟子《でし》にも、必《かなら》ずよいところがある、その長所《ちょうしょ》をいかしてあげることが大切《たいせつ》だと、常々考《つねづねかんが》えていました。

そして、当時《とうじ》、常識《じょうしき》では考《かんが》えられなかった盲目《もうもく》の少年《しょうねん》に学問《がくもん》の機会《きかい》を与《あた》えたのです。どんなにできが悪《わる》いと思《おも》われた弟子《でし》であっても、その個性《こせい》を認《みと》め、可能性《かのうせい》を信《しん》じたのです。そして、決《けっ》してあきらめたり、見捨《みす》てることはしませんでした。それが師匠《ししょう》である自分《じぶん》の責任《せきにん》であると考《かんが》えたからです。

その点《てん》では、手《て》に負《お》えないヘレンに悪戦苦闘《あくせんくとう》しながらも、決《けっ》してあきらめず、重度身体障害《じゅうどしんたいしょうがい》の少女《しょうじょ》を教育《きょういく》し、一人《ひとり》の尊《とうと》い「人間《にんげん》」として復活《ふっかつ》させたサリバン先生《せんせい》と雨富検校《あめとみけんぎょう》の間《あいだ》には共通《きょうつう》した教育観《きょういくかん》が見《み》えてきます。

ヘレンも、もしベル博士《はかせ》やサリバン先生《せんせい》に出会《であ》わなかったら、生涯《しょうがい》、暗黒《あんこく》と沈黙《ちんもく》の世界《せかい》から解放《かいほう》されることはなかったかもしれません。一見《いっけん》、光《ひかり》と音《おと》を絶《た》たれるという厳《きび》しい制約《せいやく》のもとで人生《じんせい》を送《おく》ったように見《み》えます。しかし、実際《じっさい》は、心《こころ》の目《め》でものを見《み》つめ、自分自身《じぶんじしん》を見失《みうしな》うことなく、人一倍広《ひといちばいひろ》い世界《せかい》を思《おも》うままに羽《は》ばたいたヘレンでした。身体的《しんたいてき》な不自由《ふじゆう》を乗《の》り越《こ》え、真《しん》の精神《せいしん》的自由《てきじゆう》を謳歌《おうか》して生《い》きた保己一《ほきいち》のように……。

保己一《ほきいち》とヘレンこそ、目《め》の見《み》える人《ひと》、耳《みみ》の聞《き》こえる人以上《ひといじょう》に、ものの本質《ほんしつ》を見抜《みぬ》く心《こころ》の目《め》、心《こころ》の耳《みみ》をもって、人生《じんせい》を見《み》つめた日本《にほん》とアメリカの偉人《いじん》でした。ヘレンが「塙保己一先生《はなわほきいちせんせい》を人生《じんせい》の手本《てほん》とした」といったのは決《けっ》してオーバーでも、単《たん》なるリップサービスでもありません。

ヘレン・ケラーが心《こころ》の支《ささ》えとしたという、この日本人《にほんじん》のことが、この国《くに》で忘《わす》れかけられてから久《ひさ》しくなります。しかし、時代《じだい》が変《か》わっても変《か》わらないものがあります。保己一《ほきいち》も、ヘレンも、どんな困難《こんなん》な状況《じょうきょう》に置《お》かれても、自分《じぶん》を見失《みうしな》うことなく、常《つね》に生《い》きる希望《きぼう》と勇気《ゆうき》を忘《わす》れませんでした。そして、卑下《ひげ》することも、驕《おご》ることもなく、ありのままに生《い》きたのです。その生《い》き方《かた》が多《おお》くの人《ひと》たちに生《い》きる希望《きぼう》を与《あた》えたのでした。

今日《こんにち》、わたしたちの身近《みぢか》なところでも、若《わか》い人《ひと》たちが自《みずか》ら命《いのち》を絶《た》つ、そんな悲劇《ひげき》があとを絶《た》ちません。せっかく与《あた》えられた尊《とうと》い命《いのち》です。強《つよ》く生《い》きて行《い》ってほしいのです。

たとえ自《みずか》ら死《し》を選《えら》ぶことがないとしても、常《つね》に不平不満《ふへいふまん》を口《くち》にして日々《ひび》の生活《せいかつ》を送《おく》っている人《ひと》たちがなんと多《おお》いことでしょう。

▲昭和《しょうわ》12年《ねん》(1937)4月《がつ》26日《にち》、初来日《はつらいにち》したヘレン・ケラーは、東京《とうきょう》・渋谷《しぶや》の温故学会《おんこがっかい》を訪《たず》ね、師《し》と仰《あお》ぎ、心《こころ》の支《ささ》えにしていた保《ほ》己一《きいち》のブロンズ像《ぞう》に手を触《ふ》れた(中央《ちゅうおう》ヘレン、左《ひだり》トムソン嬢《じょう》)

一方《いっぽう》、ひとりではとても負《お》いきれないような重《おも》い荷物《にもつ》を背負《せお》わされた人生《じんせい》を、喜《よろこ》びで顔《かお》を輝《かがや》かせて生《い》きている人《ひと》たちがいます。みなさんは、そんな姿《すがた》を目《め》にして、うらやましく思《おも》った経験《けいけん》はありませんか。

ヘレン・ケラーは『光《ひかり》の中《なか》へ』という本《ほん》のなかで、こういっています。

「この世《よ》はただひたすら歓《よろこ》びに満《み》ちた住《す》みかとなるように創《つく》られているわけでもありません。……」

「……もし渡《わた》るべき暗《くら》い谷間《たにま》がなかったら、山頂《さんちょう》での休憩《きゅうけい》のすばらしさは半減《はんげん》してしまうことでしょう。もし、そんな風《ふう》に考《かんが》えられなかったら、わたしは障害《しょうがい》に打《う》ち勝《か》つ強《つよ》さを発揮《はっき》することはできなかったはずです。……」

つらいことも、悲《かな》しいこともあったにちがいないヘレン・ケラーですが、その顔《かお》に、あふれるばかりの笑《え》みが絶《た》えることはありませんでした。生《い》きる勇気《ゆうき》と希望《きぼう》の光《ひかり》を暗闇《くらやみ》に生《い》きてきた人《ひと》たちに豊《ゆた》かに注《そそ》いできたのです。そのヘレン・ケラーから注《そそ》がれた希《き》望《ぼう》の光《ひかり》を反射《はんしゃ》するかのように、逆境《ぎゃっきょう》のなかでも、たくましく生《い》きた人《ひと》たちは、この日本《にほん》だけでも少《すく》なくありません。

わたしたちを真《しん》の喜《よろこ》びで満《み》たしてくれる心《こころ》の糧《かて》は、決《けっ》して遠《とお》くにあるのではありません。どちらでもよいことに心《こころ》をわずらわせ、またはるかかなたの「青《あお》い鳥《とり》」ばかりを追《お》い求《もと》めてはいないでしょうか。ほんとうの幸《しあわ》せはもっと身近《みぢか》なところにあることに気《き》づかずに、悩《なや》み苦《くる》しんでいる人《ひと》があまりにも多《おお》いのです。

重度《じゅうど》の障害者《しょうがいしゃ》であるにもかかわらず、ヘレンが「自分《じぶん》は幸《しあわ》せだ」

といっているのを聞《き》いて、こうヘレンにたずねた人《ひと》がいました。

「あなたは、ほんとうに幸《しあわ》せなのですか？」

あの少年少女《しょうねんしょうじょ》に愛読《あいどく》された名作《めいさく》『青《あお》い鳥《とり》』の作者《さくしゃ》のメーテルリンクの奥様《おくさま》です。もしかしたら強《つよ》がりをいっているのではないかと疑問《ぎもん》に思《おも》ったのでしょう。

「わたしは自分《じぶん》が幸《しあわ》せだと心《こころ》から思《おも》っています。もし幸《しあわ》せでなかったら、今《いま》までのわたしの人生《じんせい》は失敗《しっぱい》といわなければなりませんわ」

しかし、あふれるばかりの微笑《ほほえ》みをたたえて、明《あか》るく答《こた》えたヘレンを見《み》て、「ほんとうに幸《しあわ》せな人《ひと》」であることに気《き》づいて、失《しっ》礼《れい》な質問《しつもん》をしたことを謝《あやま》ったのです。

「わたしが間違《まちが》っていました。ほんとうの青《あお》い鳥《とり》を見《み》つけたのはあなたですわ！」

文字《もじ》通《どお》り「世《よ》の光《ひかり》」として暗《くら》い社会《しゃかい》を明《あか》るい光《ひかり》で照《て》らし、自分《じぶん》自身《じしん》も輝《かがや》き続《つづ》けた八十七年《はちじゅうななねん》の人生《じんせい》が、このことを証明《しょうめい》しています。目《め》の見《み》えない保己一《ほきいち》が、当時《とうじ》では考《かんが》えられなかった学問《がくもん》の世界《せかい》でめざましい働《はたら》きをしました。この活躍《かつやく》に勇気《ゆうき》づけられて、盲《もう》目《もく》の学者《がくしゃ》十数名《じゅうすうめい》がつぎつぎと世《よ》に出《で》たのです。保己一《ほきいち》の再来《さいらい》とまで言《い》われた盲人《もうじん》たちです。雨富検校流謙一《あめとみけんぎょうりゅうけんいち》や阿《あ》斯《し》能《の》夜《や》検校《けんぎょう》麻績一《おみのいち》などの学者《がくしゃ》が知《し》られています。

今日《こんにち》、いろいろな分野《ぶんや》に多《おお》くの障害者《しょうがいしゃ》が進出《しんしゅつ》し、活躍《かつやく》していま す。保己一《ほきいち》は、たったひとりで学問《がくもん》という未知《みち》の分野《ぶんや》に挑戦《ちょうせん》し、持《も》てる力《ちから》をいかんなく発揮《はっき》しました。あとに続《つづ》く人《ひと》たちのために希《き》望《ぼう》の道《みち》を開《ひら》いたのです。そして、多《おお》くの人《ひと》たちがその細《ほそ》い一本《いっぽん》の道《みち》をたどることになりました。そして、その道《みち》は年《とし》を追《お》うごとに広《ひろ》がりつつあります。保己一《ほきいち》は、まさにパイオニアとしての役《やく》割《わり》を果《は》たしてきたのです。

ヘレンは保己一《ほきいち》から大《おお》きな勇気《ゆうき》をもらいました。一人《ひとり》ではとても背負《せお》いきれない重《おも》い荷物《にもつ》を担《にな》わされて人生《じんせい》を歩《あゆ》んできた人《ひと》たちが、今度《こんど》はヘレンから夢《ゆめ》と希望《きぼう》を与《あた》えられたのです。おそらく世《せ》界《かい》の多《おお》くの国《くに》で、多《おお》くの障害者《しょうがいしゃ》がヘレンから生《い》きる希望《きぼう》を与《あた》えられているにちがいありません。一滴《いってき》の水《みず》が、小川《おがわ》となり、そして大河《たいが》の流《なが》れになってゆく……、保己一《ほきいち》とヘレン・ケラーの二人《ふたり》の歩《あゆ》みを見《み》ているとそんな気《き》がしてきます。

この小《ちい》さな本《ほん》を通《とお》して、少《すこ》しでもこれらの先人《せんじん》たちの実像《じつぞう》に触《ふ》れ、その肌《はだ》のぬくもり、そして息《いき》づかいのなかから、「生《い》きることのすばらしさ」を感《かん》じていただけたでしょうか。

保己一《ほきいち》にしても、この保己一《ほきいち》を目標《もくひょう》にしたというヘレンにしても、多《おお》くの困難《こんなん》な状況《じょうきょう》のもとでも、この世《よ》に生《せい》を受《う》けたことを喜《よろこ》びとし、不平不満《ふへいふまん》とは縁《えん》のない感謝《かんしゃ》の人生《じんせい》を歩《あゆ》んだのでした。

＊『青《あお》い鳥《とり》』

チルチルとミチルの兄《あに》と妹《いもうと》が、夢《ゆめ》のなかで、幸福《こうふく》の「青《あお》い鳥《とり》」を求《もと》めて、いろいろな国《くに》を探《さが》してまわるが、目《め》が覚《さ》めてみると、幸福《こうふく》の鳥《とり》は、実《じつ》は身近《みぢか》にいたことに気《き》づいたという、フランスの作家《さっか》、メーテルリンクの同名《どうめい》の童話《どうわ》。

あとがき

「生《い》きる力《ちから》」について

今《いま》、なぜ塙保己一《はなわほきいち》なのでしょうか。

保己一《ほきいち》が自殺未遂事件《じさつみすいじけん》を起《お》こしたのは、今《いま》なら中学三年生《ちゅうがくさんねんせい》のときのことでした。幼《おさな》くしてまったく光《ひかり》を失《うしな》い、追《お》い打《う》ちをかけるように、頼《たよ》りにしていた母《はは》は世《よ》を去《さ》りました。寂《さび》しさと将来《しょうらい》への焦《あせ》り……。そのなかで、「江戸《えど》に出《で》ればどうにかなる」、淡《あわ》い夢《ゆめ》をいだいて、田舎《いなか》をあとにしてこの大都会《だいとかい》へ出《で》たのです。しかし、世間知《せけんし》らずのこの盲青年《もうせいねん》にとって、そこでの生活《せいかつ》はつらく、厳《きび》しいものでした。

そして、ついに挫折《ざせつ》。くりかえし自分《じぶん》の身《み》に起《お》こる不幸《ふこう》をなげき、前途《ぜんと》を悲観《ひかん》したのです。しかし、その盲青年《もうせいねん》の自暴自棄《じぼうじき》ともいえる生活《せいかつ》も、この事件《じけん》を境《さかい》に百八十度《ひゃくはちじゅうど》変《か》わりました。劣等感《れっとうかん》にさいなまれ、うつむいて生《い》きてきたそれまでの人生《じんせい》に別《わか》れを告《つ》げ、喜《よろこ》びのうちに上《うえ》を向《む》いて歩《あゆ》み始《はじ》めたのです。その秘密《ひみつ》は一体《いったい》なんだったのでしょうか。厳《きび》しい状況《じょうきょう》が変《か》わったわけではありません。そうです。夢《ゆめ》と希望《きぼう》が与《あた》えられれば、人《ひと》はだれでも精神《せいしん》的自由《てきじゆう》を謳歌《おうか》し、勇気《ゆうき》をもって生《い》きていけるのです。

現在《げんざい》の最大《さいだい》の社会問題《しゃかいもんだい》は何《なに》かと聞《き》かれれば、だれもが青少年《せいしょうねん》の心《こころ》の問題《もんだい》、教育《きょういく》の問題《もんだい》と答《こた》えるのではないでしょうか。いじめ、不登校《ふとうこう》、自殺《じさつ》、家庭内暴力《かていないぼうりょく》等々《とうとう》かぞえあげればきりがありません。他《ほか》の人《ひと》の心《こころ》の痛《いた》みを感《かん》じないだけではなく、自分《じぶん》の命《いのち》さえ粗末《そまつ》にするかのような、そんな投《な》げやりとも思《おも》える多《おお》くの若者《わかもの》たちに、わたしはこれまで出会《であ》ってきました。家族《かぞく》の心労《しんろう》はいうまでもありませんが、一番苦《いちばんくる》しんでいるのは、やはり本人《ほんにん》たちなのです。この若者《わかもの》たちにとって、今《いま》、必要《ひつよう》とされるのは本当《ほんとう》の意味《いみ》での「生《い》きる力《ちから》」以外《いがい》にありません。それでは「生《い》きる力《ちから》」とはどんな力《ちから》なのでしょうか。

そういった意味《いみ》でも保己一《ほきいち》の生涯《しょうがい》から、一人《ひとり》でも多《おお》くの人《ひと》たちに「生《い》きることのすばらしさ」、「命《いのち》の尊《とうと》さ」を学《まな》び、「生《い》きる力《ちから》」を身《み》につけてほしい……これが長《なが》く障害児教育《しょうがいじきょういく》にたずさわってきたわたしの願《ねが》いです。

「ありのままに生《い》きる」ということ

だいぶ前《まえ》のことになりますが、「塙保己一《はなわほきいち》」を得意《とくい》の演目《えんもく》としている講談家《こうだんか》の宝井馬琴《たからいばきん》さんから、こんな電話《でんわ》をいただきました。「保己一《ほきいち》の生《い》き方《かた》を見《み》ていると、良寛《りょうかん》さんの生《い》き方《かた》とよく似《に》ていると感《かん》じられるのだが……、どう思《おも》いますか？」と。

血《ち》のにじむような努力《どりょく》のすえ大学者《だいがくしゃ》と認《みと》められるようになった保己一《ほきいち》と越後《えちご》の片田舎《かたいなか》で幼《おさな》い子《こ》どもたちとたわむれて日々《ひび》を過《す》ごした良寛《りょうかん》さんは、まったく違《ちが》う人生《じんせい》を歩《あゆ》んだように見《み》えます。

しかし、「いのち＝人生《じんせい》」というレンズを通《とお》してみると、そこには共通《きょうつう》した生《い》き方《かた》・人生観《じんせいかん》が見《み》えてきます。相手《あいて》が大名《だいみょう》でも幼《おさな》い子《こ》どもでも、卑下《ひげ》することもなく、驕《おご》ることもなく、ありのままに生《い》きた二人《ふたり》でした。人《ひと》を蹴落《けお》とし、押《お》しのけて出世《しゅっせ》するのではなく、今《いま》もっとも求《もと》められる「共生《きょうせい》」、共《とも》に生《い》きる、共《とも》に豊《ゆた》かになる、そんな生《い》き方《かた》です。

保己一《ほきいち》は日本古来《にほんこらい》の精神文化《せいしんぶんか》・日本人《にほんじん》のこころを後世《こうせい》に長《なが》く伝《つた》えようと、これまでだれひとり手《て》をつけようとしなかった文化的《ぶんかてき》大事業《だいじぎょう》に果敢《かかん》にも取《と》り組《く》みました。盲目《もうもく》の身《み》でただ一人《ひとり》、多額《たがく》の借金《しゃっきん》を背負《せお》うことを覚悟《かくご》して、ついにやりとげたのです。誰《だれ》かがやらなければならないと考《かんが》えた仕事《しごと》だったからです。

それだけではなく、盲人《もうじん》の社会《しゃかい》の最高位《さいこうい》である総検校《そうけんぎょう》の地位《ちい》につき、七十六歳《ななじゅうろくさい》で天寿《てんじゅ》をまっとうしたときは、大名《だいみょう》の格式《かくしき》で盛《せい》大《だい》な葬儀《そうぎ》が行《おこな》われた人物《じんぶつ》でもありました。

良寛《りょうかん》さんとは対照的《たいしょうてき》に、保己一《ほきいち》は典型的《てんけいてき》な出世物語《しゅっせものがたり》の主人公《しゅじんこう》として、これまで広《ひろ》く紹介《しょうかい》されてきました。しかし、有名《ゆうめい》になっても、学者《がくしゃ》として世《よ》に認《みと》められるようになっても保己一《ほきいち》の謙虚《けんきょ》で誠実《せいじつ》な生《い》き方《かた》は変《か》わりませんでした。一生《いっしょう》の間《あいだ》、自分《じぶん》が苦《くる》しかった若《わか》いときのことを忘《わす》れず、盲人仲間《もうじんなかま》の人《ひと》たちの社会的地位《しゃかいてきちい》の向上《こうじょう》のために努力《どりょく》したのもそのよい例《れい》です。

また、相手《あいて》が無学《むがく》の町人《ちょうにん》であっても、たとえ身分《みぶん》の高《たか》い大名《だいみょう》や旗本《はたもと》であっても、同《おな》じ態度《たいど》で接《せっ》しました。江戸《えど》の町人《ちょうにん》から慕《した》われ、愛《あい》されたのはそのためです。

ヘレン・ケラーが保己一《ほきいち》を人生《じんせい》の目標《もくひょう》としたといわれていますが、単《たん》に「大学者《だいがくしゃ》・塙保己一《はなわほきいち》」というだけではなく、むしろありのままに、そして他《ほか》の人《ひと》のために生《い》きた姿《すがた》に共感《きょうかん》を覚《おぼ》えたのでしょう。この点《てん》では、ヘレンの生《い》き方《かた》は保己一《ほきいち》の生《い》き方《かた》にそっくりなのですから……。

今《いま》に生《い》きる塙《はなわ》保己一《ほきいち》

この保己一《ほきいち》ですが、戦前《せんぜん》の教科書《きょうかしょ》には必《かなら》ず登場《とうじょう》し、だれからも親《した》しまれ、なじみ深《ぶか》い人物《じんぶつ》でした。残念《ざんねん》なことに、今《いま》ではその名《な》前《まえ》は教科書《きょうかしょ》からも姿《すがた》を消《け》し、忘《わす》れ去《さ》られようとしています。自分《じぶん》から表舞台《おもてぶたい》にのぼることもなく、学問《がくもん》をこころざす他《ほか》の人《ひと》たちのためにかたくななまでに歴史資料《れきししりょう》の収集《しゅうしゅう》……校正《こうせい》という地味《じみ》な作業《さぎょう》に全精力《ぜんせいりょく》を注《そそ》いだことが原因《げんいん》でしょうか。世間《せけん》の評判《ひょうばん》とは別《べつ》に、派手《はで》なこと、目立《めだ》つことの少《すく》ない保己一《ほきいち》の生《い》き方《かた》でした。

学問《がくもん》の世界《せかい》においても、盲人《もうじん》の社会《しゃかい》においても、常《つね》に自分《じぶん》のことより他《ほか》の人《ひと》たちのことを優先《ゆうせん》したのです。その生《い》き方《かた》に満足《まんぞく》し、それを喜《よろこ》びとした生涯《しょうがい》でした。ここに学校現場《がっこうげんば》の課題《かだい》に限《かぎ》らず、混迷《こんめい》を深《ふか》めた日本《にほん》の社会《しゃかい》がかかえる多《おお》くの課題解決《かだいかいけつ》への糸口《いとぐち》の一《ひと》つでも見《み》つかるのではないかと期待《きたい》するのです。

この小《ちい》さな保己一《ほきいち》の伝記《でんき》は、小学生《しょうがくせい》からお年寄《としよ》りまで、すべての世代《せだい》の人《ひと》に一人《ひとり》でも多《おお》く読《よ》んでいただけることを考《かんが》えました。そのため、だれにでも読《よ》みやすいように大《おお》きな活字《かつじ》を用《もち》い、原則《げんそく》としてすべての漢字《かんじ》に平仮名《ひらがな》をふりました。この忘《わす》れかけた日本《にほん》の偉人《いじん》を身近《みぢか》に親《した》しんでいただくことによって、心《こころ》のすさんだ今《いま》の世《よ》の中《なか》ですが、「生《い》きていてよかった」、「この世《よ》に生《せい》を受《う》けて幸《しあわ》せだった」と思《おも》える人生《じんせい》を送《おく》っていただければ……と願《ねが》っています。

塙《はなわ》 保己一《ほきいち》とともに

――ヘレン・ケラーと塙保己一《はなわほきいち》――

堺《さかい》 正一《しょういち》

著者略歴

昭和18年（1943）、埼玉県川越市に生まれる。

早稲田大学第一法学部、同大学教育学部卒業。

埼玉県立高等学校及び養護学校に勤務の後、埼玉県立盲学校校長等を歴任。この間に埼玉県教育委員会勤務。（社）温故学会研究員。元立正大学社会福祉学部教授。

著書に『奇跡の人・塙保己一　ヘレン・ケラーが心の支えとした日本人』（埼玉新聞社、2001年）、『今に生きる塙保己一　盲目の大学者に学ぶ』（埼玉新聞社、2003年）などがある。

2005年9月12日　初版第1刷発行
2011年7月30日　初版第2刷発行
2021年2月15日　初版第3刷発行

発行所
株式会社 はる書房
〒101-0051 東京都千代田区神田神保町1−44 駿河台ビル
TEL・03-3293-8549　FAX・03-3293-8558
振替・00110-6-33327
http://www.harushobo.jp/

組版／閏月社　印刷・製本／中央精版印刷

ISBN4-89984-070-5 C0023